Hans J. Schmidt

WIR BASTELN GEOMETRISCHE KÖRPER

MODELLE FÜR DEN MATHEMATIKUNTERRICHT

5. ergänzte Auflage

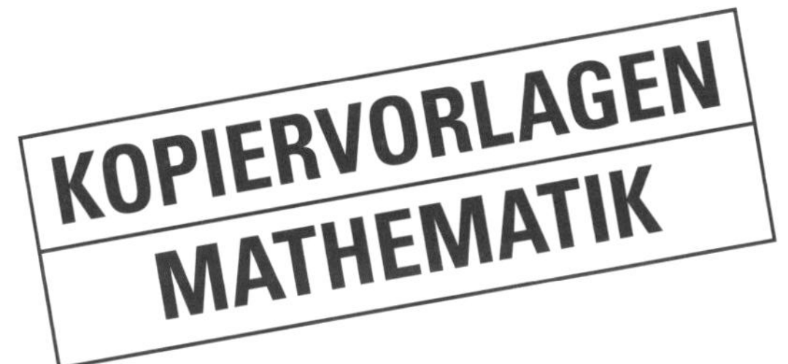

Aulis Verlag

Bibliografische Information Der Deutschen Bibliothek

Die Deutsche Bibliothek verzeichnet diese Publikation in der Deutschen Nationalbibliografie;
detaillierte bibliografische Daten sind im Internet über <http://dnb.ddb.de> abrufbar.

Die 1. und 2. Auflage erschienen im Verlag an der Ruhr, Mülheim/Ruhr

© Alle Rechte bei Aulis Verlag in der Stark Verlagsgesellschaft, 2009
ISBN 978-3-7614-2626-7

Inhalt

Kopiervorlagen

Vorbemerkungen

Zwar gibt es keine allgemein gültigen Rezepte für den Mathematikunterricht,
aber da sich nach Piaget die SchülerInnen in der Sekundarstufe I bis mindestens
Klasse 8 noch im Stadium der Konkreten Operationen befinden, soll der
Unterricht von konkreten Situationen ausgehen. Um dies realisieren zu können,
muss der Unterrichtende geeignete attraktive Hilfsmittel bereitstellen.

Zu diesen Hilfsmitteln gehören sicherlich Materialien zur enaktiven Erschließung:
Modelle aus Plastik wie Würfel, Pyramiden, Kegel, etc.

Die präfabrizierten Modelle dienen jedoch lediglich der Demonstration. Der
größere erzieherische Wert liegt zweifelsohne in der Herstellung der Modelle.

Die Vorlagen entstanden aus der Praxis des Mathematikunterrichts in
der Sekundarstufe I. Das geringe räumliche Vorstellungsvermögen der
SchülerInnen sowie die mangelnde Fähigkeit des perspektivischen
Sehens warfen z. B. bei der Anwendung des Satzes des Pythagoras und der
trigonometrischen Funktionen sowie der Berechnung von Körpern Probleme auf.
Die Demonstration an Modellen war nur Behelf.

Vorteilhaft ist es, dass jeder Schüler und jede Schülerin ein Modell erstellt, das
im Unterricht besprochen werden kann. Da die Stabilität der Körper nicht sehr
hoch ist, empfiehlt sich das Kopieren auf Karton. Vereinzelt können talentierte
Bastler auch vergrößerte Modelle herstellen.

Denkbar ist der Einsatz der Vorlagen aber auch für die Gruppenarbeit bzw. an
Projekttagen.

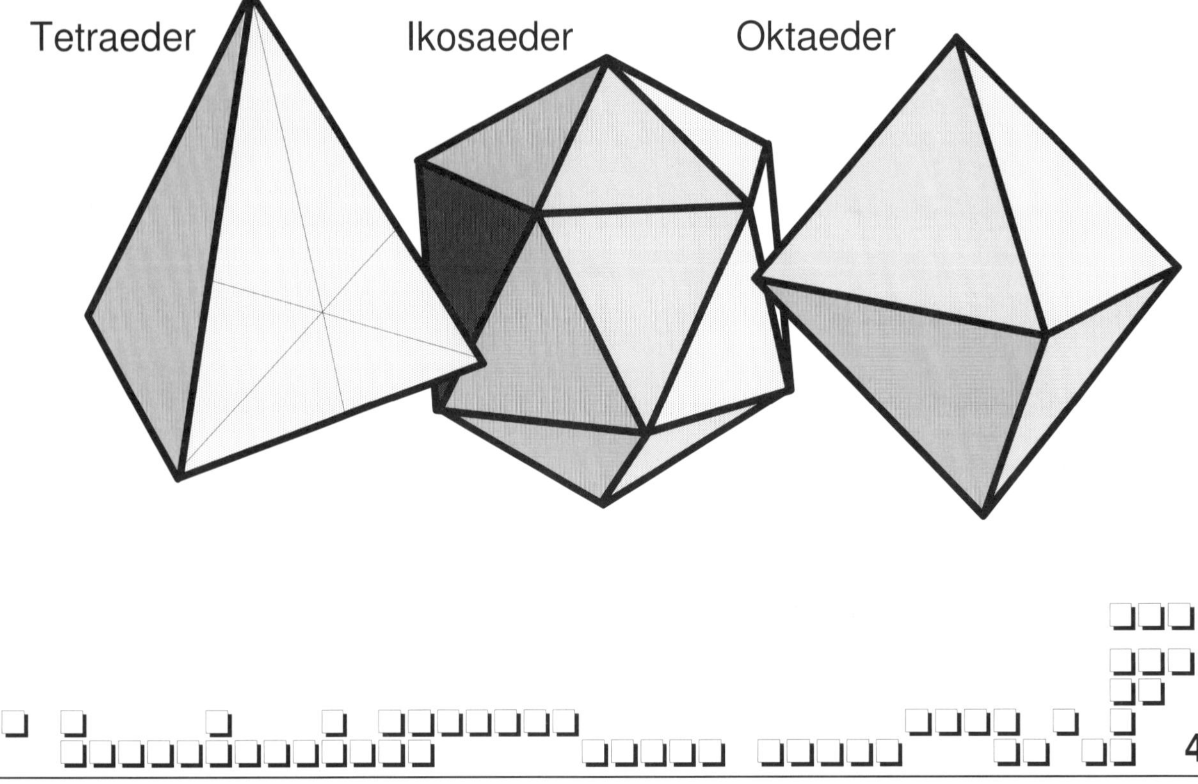

Würfel

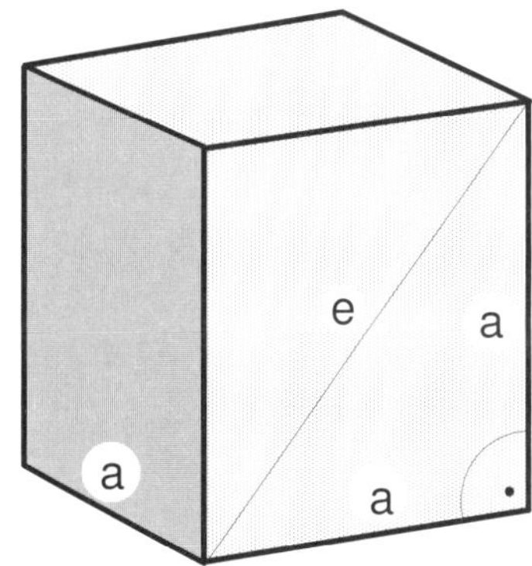

Der Würfel, der erste der fünf platonischen Körper, kann zur Erarbeitung folgender Sachverhalte benutzt werden:

$$V = a^3$$
$$O_{Würfel} = 6 \cdot a^2$$
$$e = a \cdot \sqrt{2}$$

Radius der Umkugel $r = \frac{a}{2} \cdot \sqrt{3}$

Radius der Inkugel $\rho = \frac{a}{2}$

Raumdiagonale

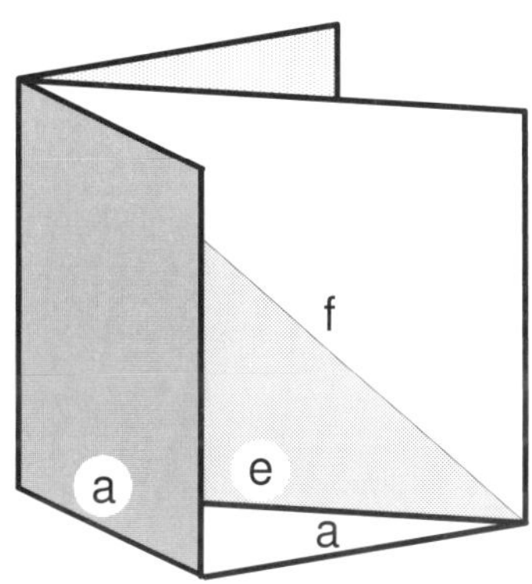

Das »aufgeschnittene« Modell dient zur Herleitung der Formel für die Raumdiagonale:

$$f = a \cdot \sqrt{3}$$

Quader (Rechtecksäule)
Flächendiagonalen

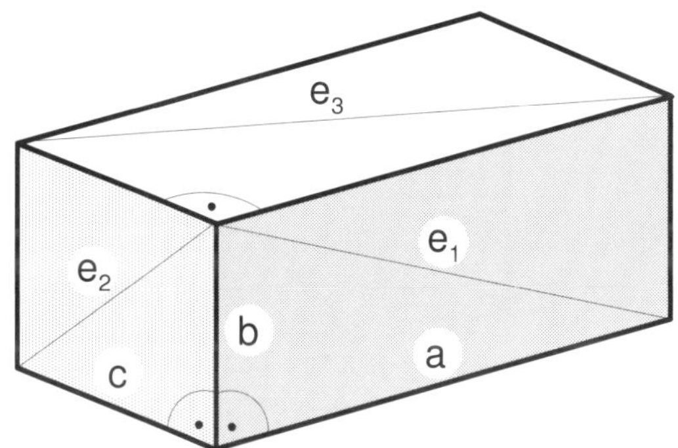

Erarbeitung:

$$V = a \cdot b \cdot c$$
$$O_{Quader} = 2 \cdot (ab + ac + bc)$$
$$e_1 = \sqrt{a^2 + b^2}$$
$$e_2 = \sqrt{b^2 + c^2}$$
$$e_3 = \sqrt{a^2 + c^2}$$

Raumdiagonale

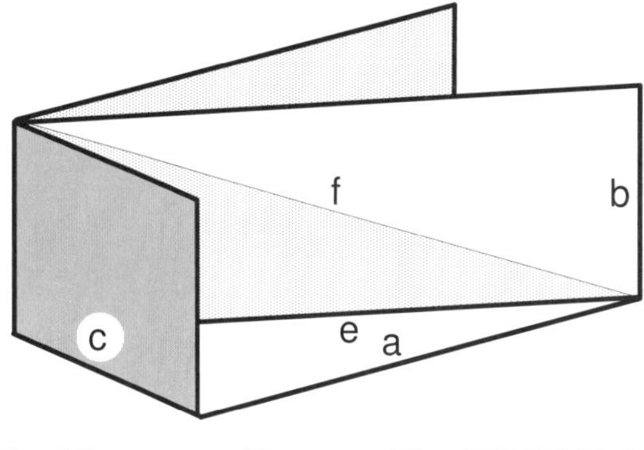

$$f = \sqrt{a^2 + b^2 + c^2}$$

Prismen

Grundfläche allgemeines Dreieck

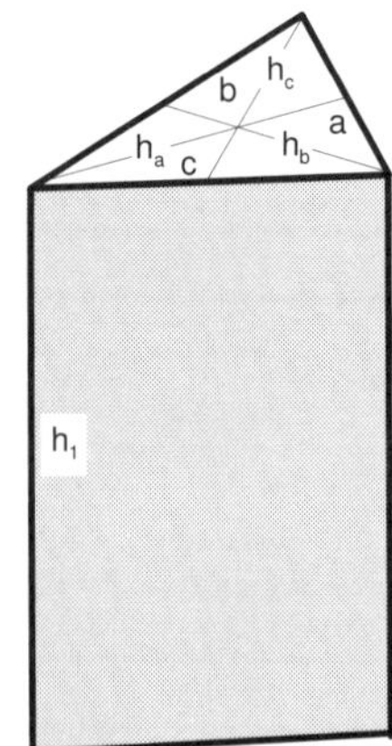

Grundfläche rechtwinkliges Dreieck

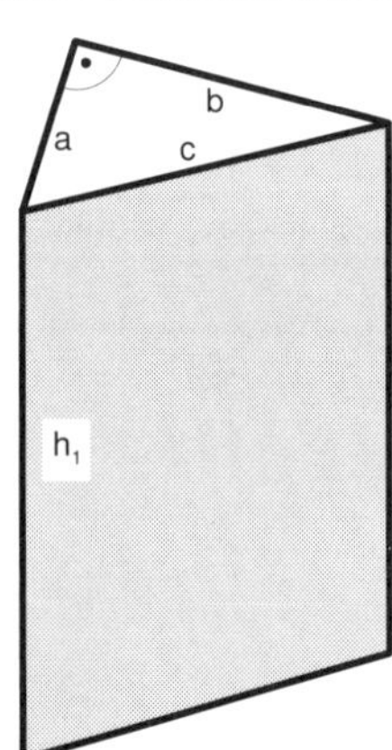

Grundfläche gleichschenkliges Dreieck

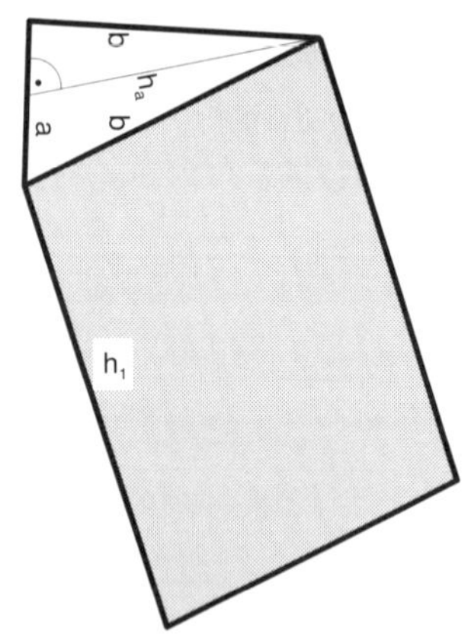

Grundfläche gleichseitiges Dreieck

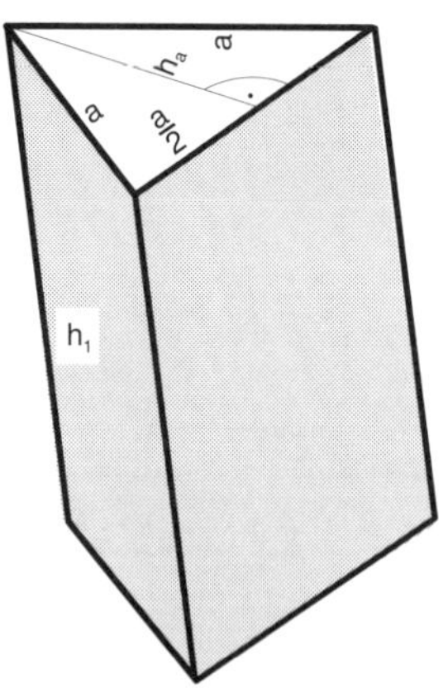

Grundfläche Parallelogramm

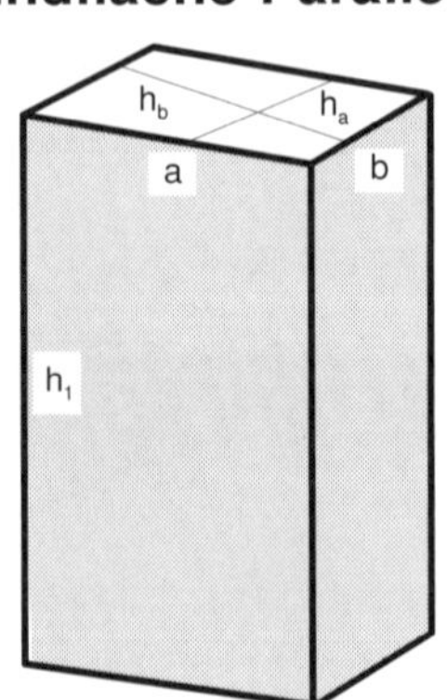

Grundfläche Trapez

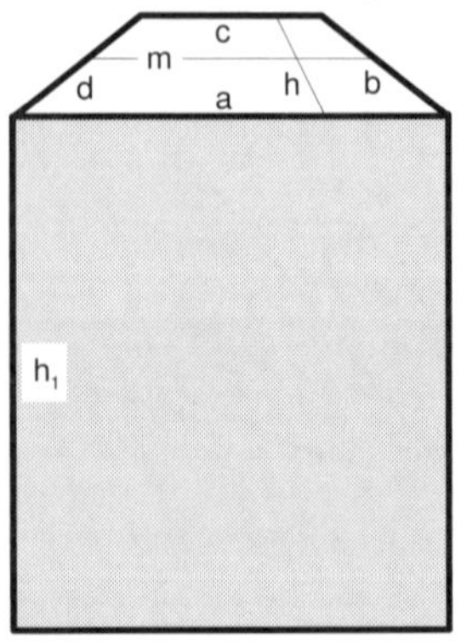

Grundfläche regelmäßiges Sechseck

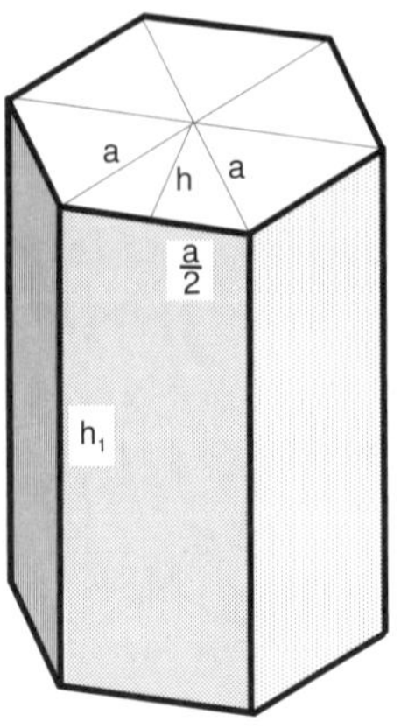

Grundfläche Kreis (Zylinder)

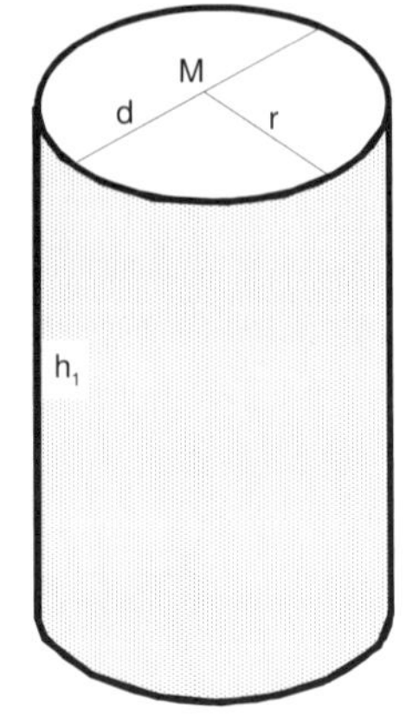

Für alle kantigen Säulen (Prismen) gilt:

Volumen = Grundfläche • Körperhöhe

$$V = G \cdot h_1$$

Oberfläche = Mantel + 2 • Grundfläche

$$O = M + 2 \cdot G$$

Mantel = Umfang$_{Grundfläche}$ • Körperhöhe

$$M = u \cdot h_1$$

Bastelmodell 1

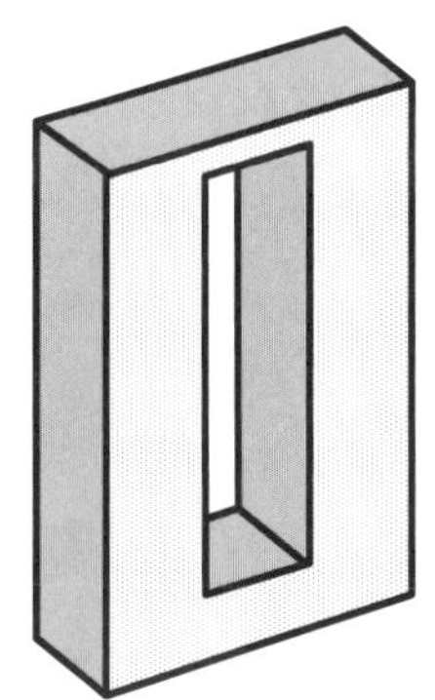 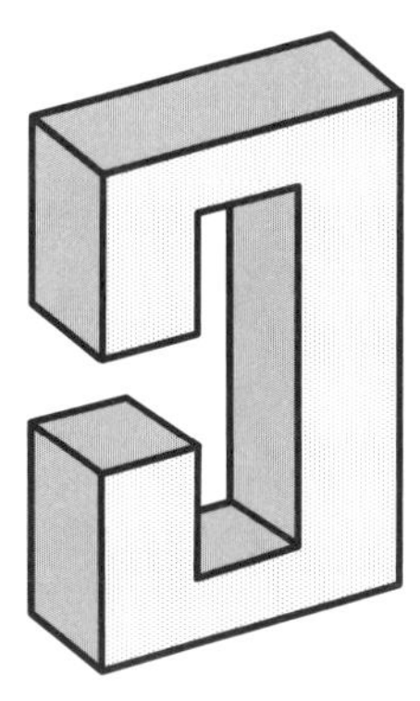 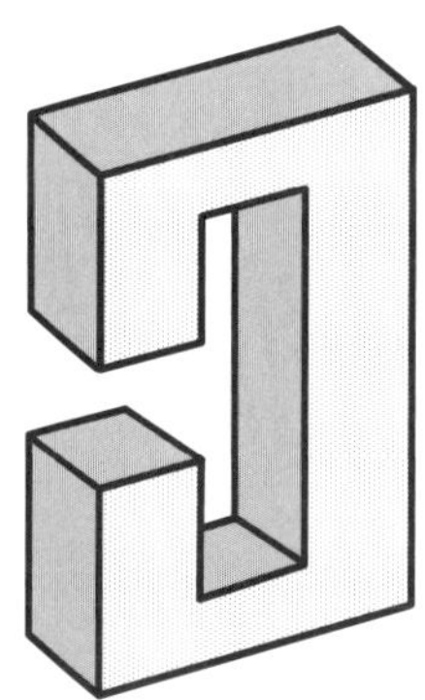

Bastelmodell 1 (AB 13 – 15) ist eine Art Geduldsspiel, weil die drei Einzelteile zu einem Gesamtgebilde zusammengesetzt werden können. Das Zusammenkleben der einzelnen Teile stellt eine gute Vorübung dar für das Erstellen schwieriger Modelle.
Die Modelle können gegebenenfalls im Technikunterricht aus Holz gefertigt werden.

Wie die drei Einzelteile ineinandergesteckt werden, entnehme man den Abbildungen:

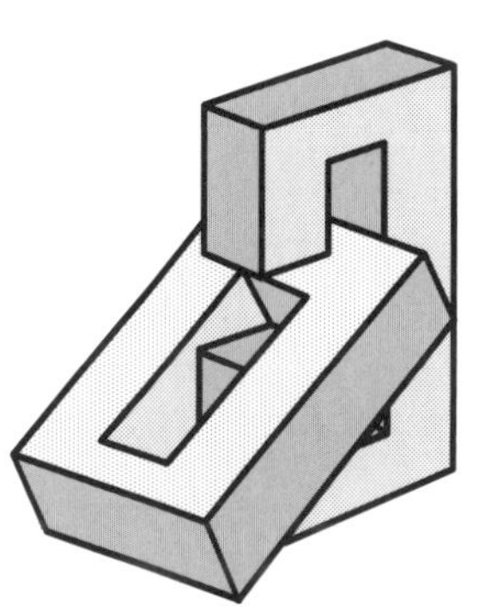 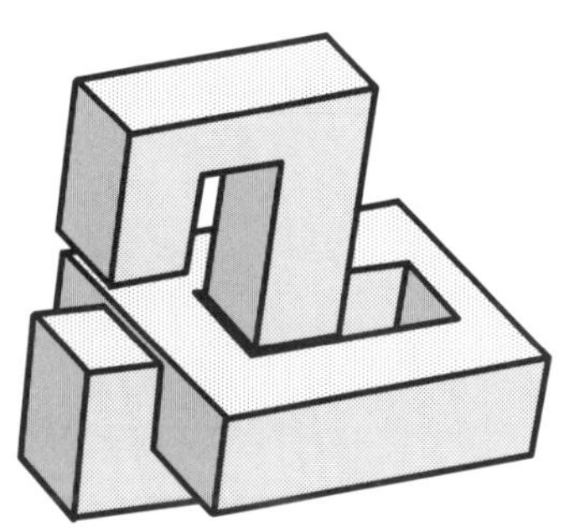 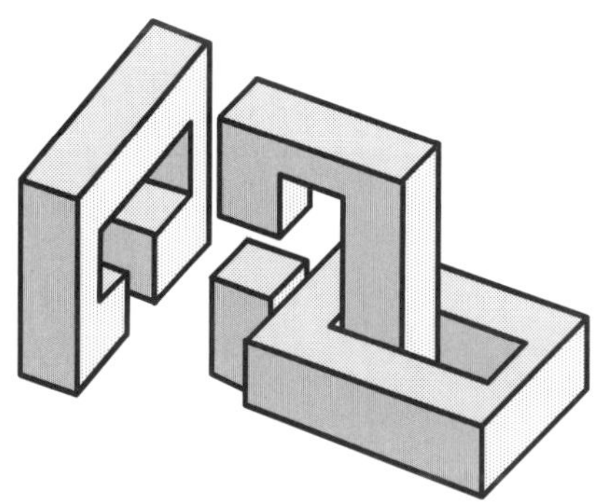

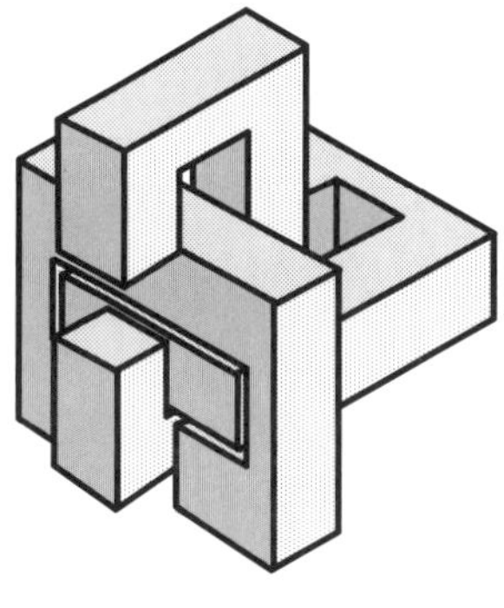 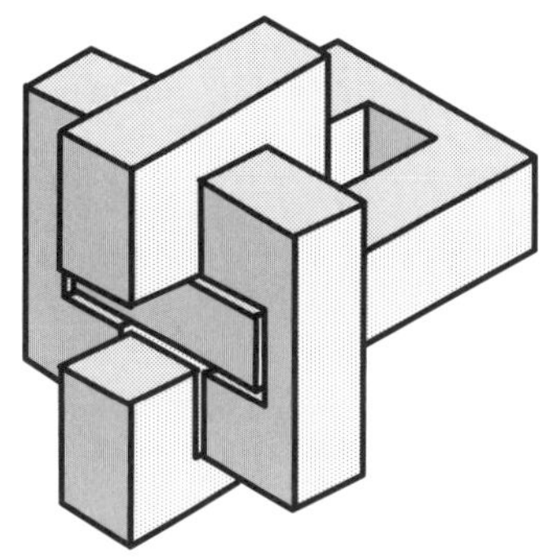 

Volumen Pyramide

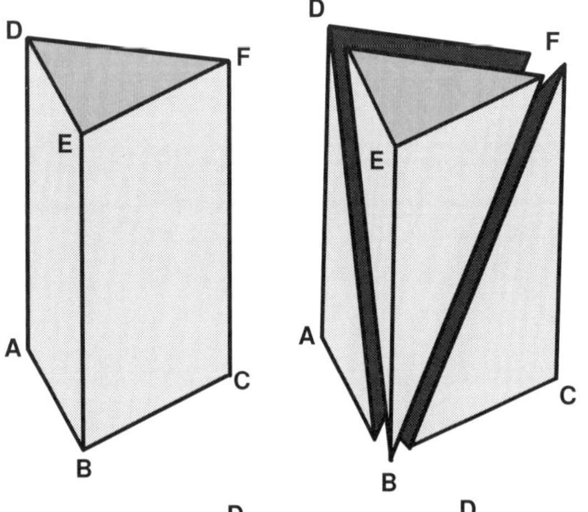

Das Volumen einer Pyramide ist gleich dem dritten Teil des Volumens eines Prismas mit gleicher Grundfläche G und Höhe h:

$$V = \frac{1}{3}\,G \cdot h$$

Die Richtlinien des Landes Nordrhein-Westfalen sehen zwar nicht mehr die Herleitung der Formel, sondern nur noch deren Anwendung vor, dennoch kann den Schülern und Schülerinnen die Beweisidee anhand der Vorlagen AB 16 – 19 nahegebracht werden. Die drei Teilkörper werden gemäß Abbildung in das Prisma hineingebracht. Es zeigt sich somit, dass die drei Teilkörper zusammen das Volumen des Prismas ausmachen. Es bleibt zu zeigen, dass die drei Teilkörper untereinander volumengleich sind.

Hier kann auf den Satz des Cavalieri verwiesen werden, der besagt, dass Körper volumengleich sind, wenn ihre Parallelquerschnitte in gleichen Abständen zu den Grundflächen stets flächengleich sind. Mit Hilfe der Strahlensätze kann bewiesen werden, dass alle Pyramiden mit gleich großen Grundflächen und Höhen volumengleich sind.
(Man lese in der entsprechenden Fachliteratur nach.)

Teilkörper I und II sind volumengleich, weil sie gleich große Grundflächen und Höhen haben.
($\triangle ABC \cong \triangle DEF$; $\overline{FC} = \overline{EB}$)
Teilkörper II und III sind ebenfalls volumengleich.
($\triangle BEF \cong \triangle ABD$; $\overline{DF}$ ist für beide Teilkörper die Höhe)

Aus I = II und II = III folgt:
Die drei Teilkörper sind volumengleich.

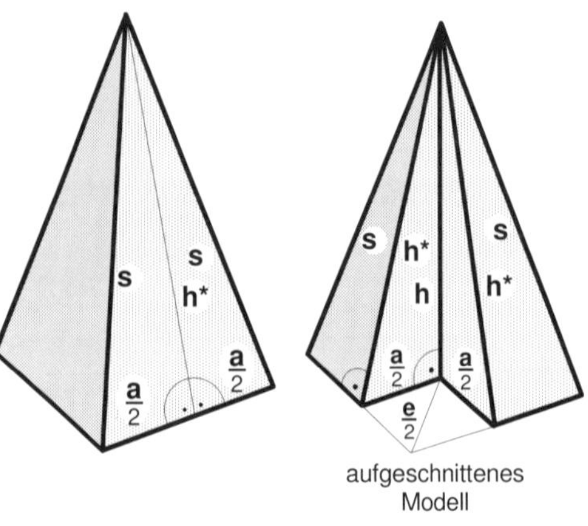

Pyramide
Grundfläche Quadrat

Grundfläche Rechteck

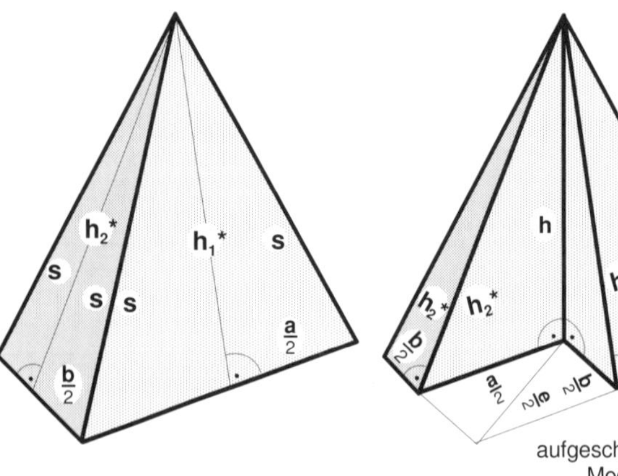

Grundfläche regelmäßiges Sechseck

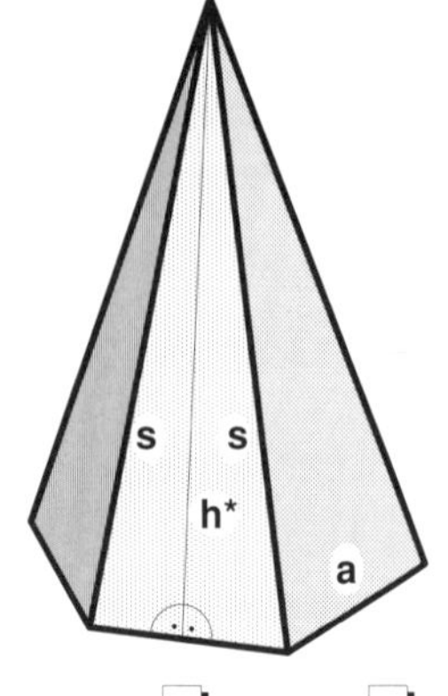

Sowohl für gerade als auch schiefe Pyramiden gilt:

$$\text{Volumen} = \frac{\text{Grundfläche} \cdot \text{Höhe}}{3}$$

$$V = \frac{G \cdot h}{3}$$

Oberfläche = Mantel + Grundfläche

$$O = M + G$$

Die »aufgeschnittenen« Modelle dienen zur Verdeutlichung der unterschiedlichen Höhen sowie der Seitenkante s.
(Anwendung: Satz des Pythagoras)

Tetraeder

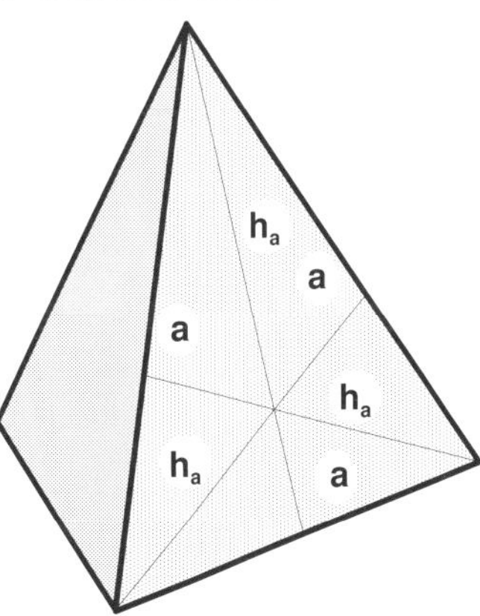

Oktaeder

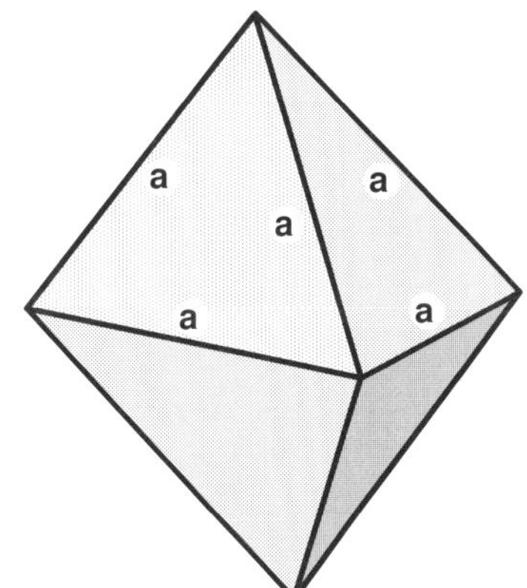

Dodekaeder

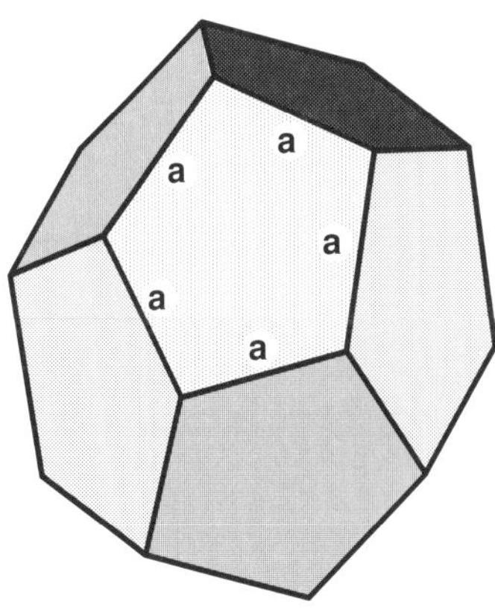

Ikosaeder

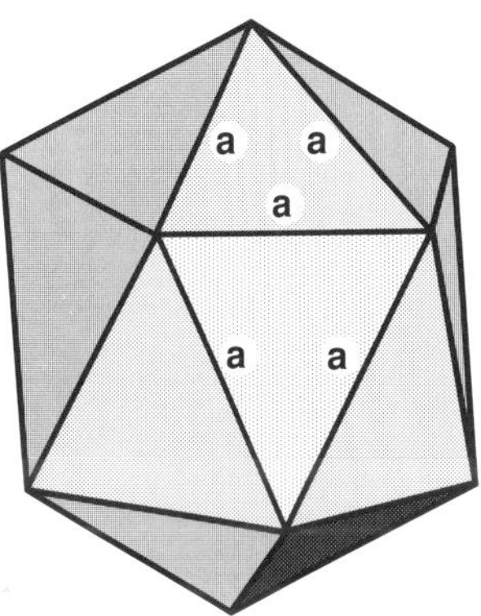

Kegel

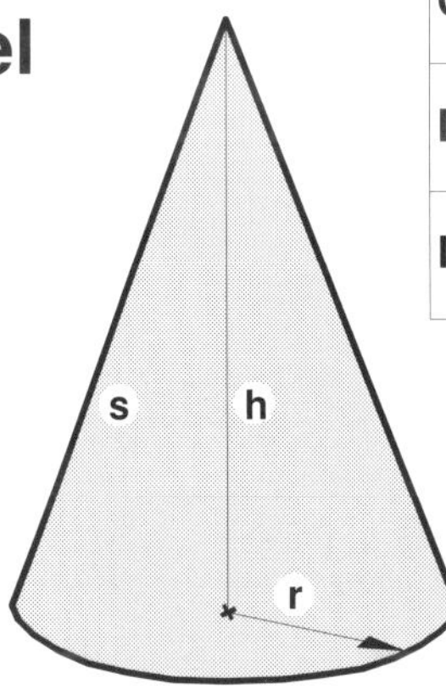

Berechnung der Höhe bzw. der Seitenkante

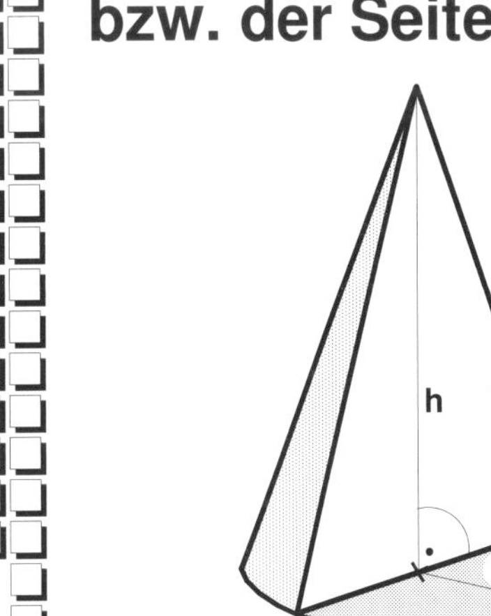

Körper, die von regelmäßig kongruenten Vielecken begrenzt werden, heißen reguläre Körper: das Tetraeder (AB 25), das Hexaeder (AB 1), das Oktaeder (AB 38), das Dodekaeder (AB 39, AB 40), das als Kalenderersatz herhalten muss, und das Ikosaeder (AB 41, AB 42). Die Berechnung dieser Körper entnehme man der Tabelle.

Kante = a, Anzahl der Flächen = f, Anzahl der Ecken = e, Anzahl der Kanten = k,

Radius der Umkugel = r, Radius der Inkugel = ρ, Oberfläche = O, Volumen = V

	f	e	k	r	ρ	O	V
Tetraeder	4	4	6	$\dfrac{a}{2}\cdot\sqrt{6}$	$\dfrac{a}{12}\cdot\sqrt{6}$	$a^2\cdot\sqrt{3}$	$\dfrac{a^3}{12}\cdot\sqrt{2}$
Hexaeder	6	8	12	$\dfrac{a}{2}\cdot\sqrt{3}$	$\dfrac{a}{2}$	$a^2\cdot 6$	a^3
Oktaeder	8	6	12	$\dfrac{a}{2}\cdot\sqrt{2}$	$\dfrac{a}{6}\cdot\sqrt{6}$	$a^2\cdot 2\cdot\sqrt{3}$	$\dfrac{a^3}{3}\cdot\sqrt{2}$
Dodekaeder	12	20	30	$\dfrac{a\cdot\sqrt{3}\cdot(1+\sqrt{5})}{4}$	$\dfrac{a\sqrt{10(25+11\sqrt{5})}}{20}$	$3a^2\sqrt{5(5+2\sqrt{5})}$	$a^3\cdot\dfrac{15+7\sqrt{5}}{4}$
Ikosaeder	20	12	30	$\dfrac{a}{4}\cdot\sqrt{2(5+\sqrt{5})}$	$\dfrac{a\cdot\sqrt{3}\cdot(3+\sqrt{5})}{12}$	$a^2\cdot 5\cdot\sqrt{3}$	$a^3\cdot\dfrac{5\cdot(3+\sqrt{5})}{12}$

Anhand der Vorlage lässt sich erarbeiten:

$\text{Oberfläche}_{Kegel} = \text{Grundfläche} + \text{Mantel}$

$O = G + M$

$M = \dfrac{b\cdot r_1}{2}$ (wobei $r_1 = s$ und $b = 2\cdot\pi\cdot r$)

$M = \dfrac{2\cdot\pi\cdot r\cdot s}{2}$

$M = \pi\cdot r\cdot s$

$O = \pi\cdot r^2 + \pi\cdot r\cdot s$

$O = \pi\cdot r\cdot(r+s)$

Mittelpunktswinkel $\alpha = 360\cdot\dfrac{r}{s}$

$V = \dfrac{1}{3}\pi\cdot r^2\cdot h$

$s^2 = r^2 + h^2$

$s = \sqrt{r^2 + h^2}$

$h^2 = s^2 - r^2$

$h = \sqrt{s^2 - r^2}$

$r^2 = s^2 - h^2$

$r = \sqrt{s^2 - h^2}$

Volumen Pyramidenstumpf

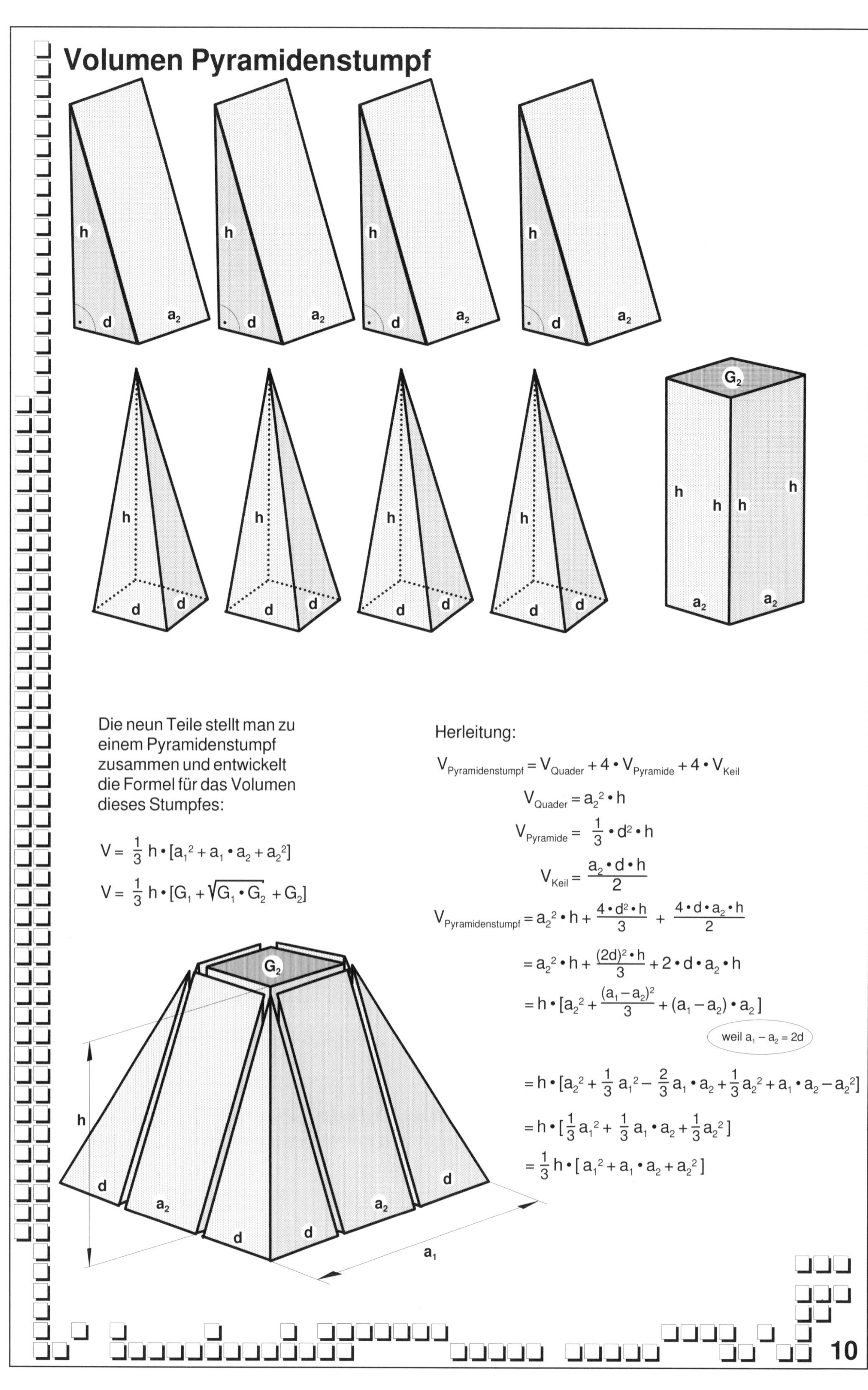

Die neun Teile stellt man zu einem Pyramidenstumpf zusammen und entwickelt die Formel für das Volumen dieses Stumpfes:

$$V = \frac{1}{3} h \cdot [a_1{}^2 + a_1 \cdot a_2 + a_2{}^2]$$

$$V = \frac{1}{3} h \cdot [G_1 + \sqrt{G_1 \cdot G_2} + G_2]$$

Herleitung:

$$V_{Pyramidenstumpf} = V_{Quader} + 4 \cdot V_{Pyramide} + 4 \cdot V_{Keil}$$

$$V_{Quader} = a_2{}^2 \cdot h$$

$$V_{Pyramide} = \frac{1}{3} \cdot d^2 \cdot h$$

$$V_{Keil} = \frac{a_2 \cdot d \cdot h}{2}$$

$$V_{Pyramidenstumpf} = a_2{}^2 \cdot h + \frac{4 \cdot d^2 \cdot h}{3} + \frac{4 \cdot d \cdot a_2 \cdot h}{2}$$

$$= a_2{}^2 \cdot h + \frac{(2d)^2 \cdot h}{3} + 2 \cdot d \cdot a_2 \cdot h$$

$$= h \cdot \left[a_2{}^2 + \frac{(a_1 - a_2)^2}{3} + (a_1 - a_2) \cdot a_2 \right]$$

weil $a_1 - a_2 = 2d$

$$= h \cdot \left[a_2{}^2 + \frac{1}{3} a_1{}^2 - \frac{2}{3} a_1 \cdot a_2 + \frac{1}{3} a_2{}^2 + a_1 \cdot a_2 - a_2{}^2 \right]$$

$$= h \cdot \left[\frac{1}{3} a_1{}^2 + \frac{1}{3} a_1 \cdot a_2 + \frac{1}{3} a_2{}^2 \right]$$

$$= \frac{1}{3} h \cdot [a_1{}^2 + a_1 \cdot a_2 + a_2{}^2]$$

Pyramidenstumpf

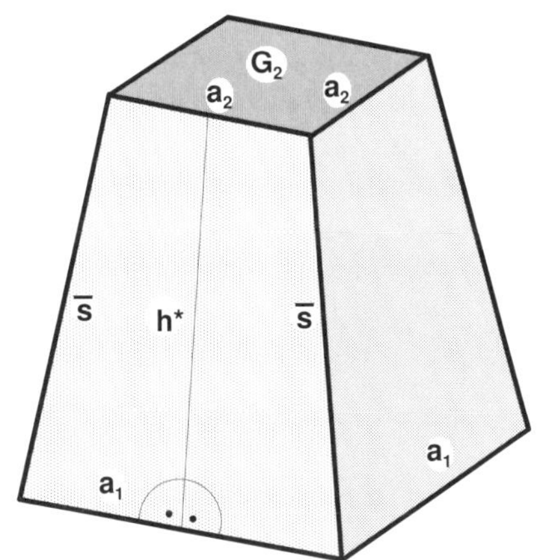

Kegelstumpf

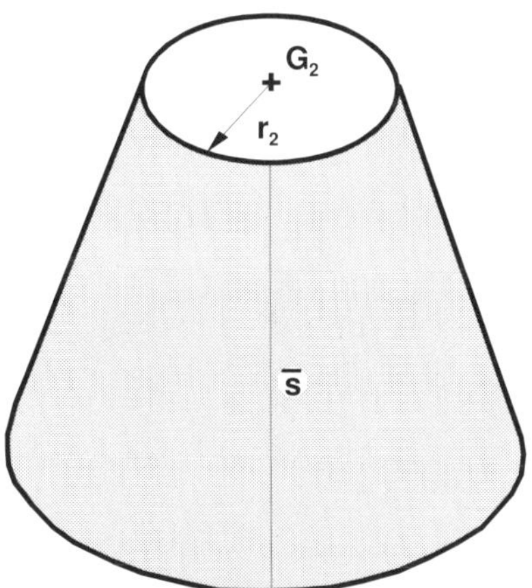

Erarbeitung:

$$O = G_1 + G_2 + M$$

$$G_1 = a_1^2$$

$$G_2 = a_2^2$$

$$M = 4 \cdot \frac{a_1 + a_2}{2} \cdot h^*$$

$$O = a_1^2 + a_2^2 + 2 \cdot (a_1 + a_2) \cdot h^*$$

$$h^* = \sqrt{h_2 + [\tfrac{a_1 - a_2}{2}]^2}$$

Erarbeitung:

$$O = G_1 + G_2 + M$$

$$G_1 = r_1^2 \cdot \pi$$

$$G_2 = r_2^2 \cdot \pi$$

$$M = \pi \cdot \bar{s} \cdot (r_1 + r_2)$$

$$O = \pi \cdot [r_1^2 + r_2^2 + \bar{s} \cdot (r_1 + r_2)]$$

$$\bar{s} = \sqrt{h_2 + (r_1 - r_2)^2}$$

$$V = \frac{1}{3} \cdot \pi \cdot h \cdot (r_1^2 + r_1 \cdot r_2 + r_2^2)$$

Oberfläche und Volumen eines »Balles«

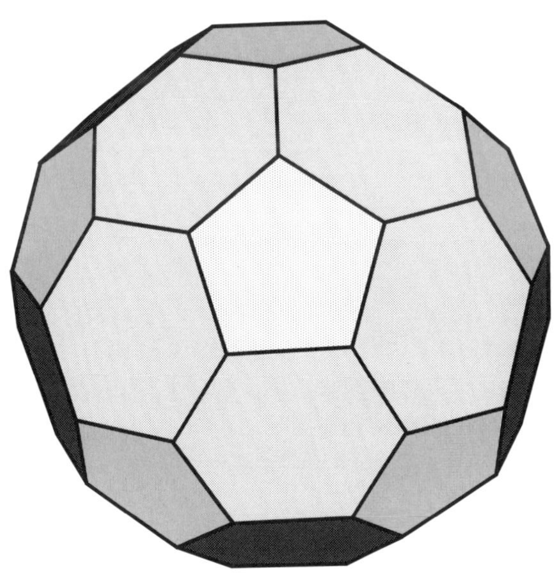

Mit Hilfe dieses Modells lassen sich vorbereitend die Oberflächen- und Volumenformel der Kugel erarbeiten:

$$O = 4 \cdot r^2 \cdot \pi$$

$$V = \frac{4}{3} \cdot r^3 \cdot \pi$$

Bastelmodell 2

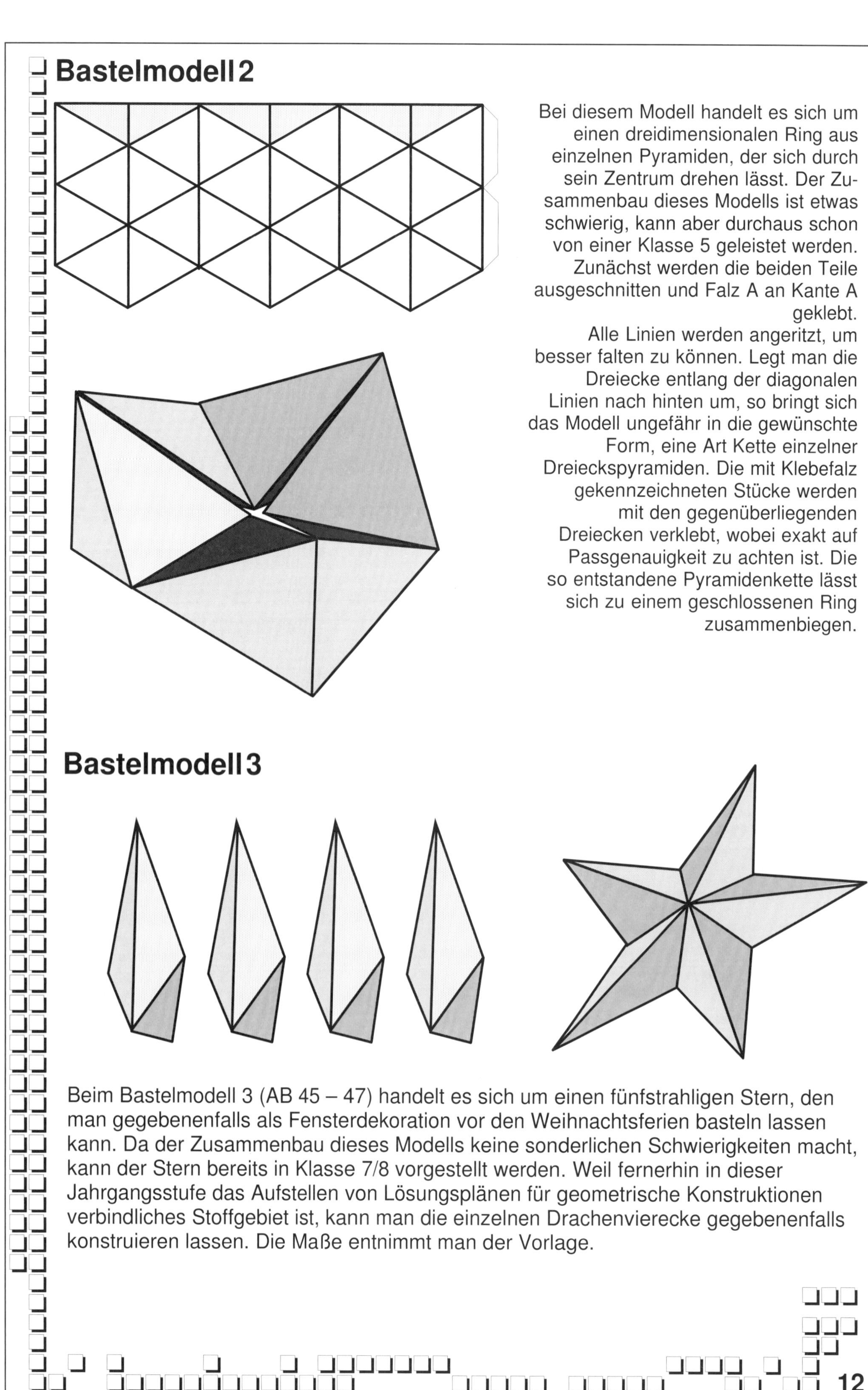

Bei diesem Modell handelt es sich um einen dreidimensionalen Ring aus einzelnen Pyramiden, der sich durch sein Zentrum drehen lässt. Der Zusammenbau dieses Modells ist etwas schwierig, kann aber durchaus schon von einer Klasse 5 geleistet werden. Zunächst werden die beiden Teile ausgeschnitten und Falz A an Kante A geklebt.

Alle Linien werden angeritzt, um besser falten zu können. Legt man die Dreiecke entlang der diagonalen Linien nach hinten um, so bringt sich das Modell ungefähr in die gewünschte Form, eine Art Kette einzelner Dreieckspyramiden. Die mit Klebefalz gekennzeichneten Stücke werden mit den gegenüberliegenden Dreiecken verklebt, wobei exakt auf Passgenauigkeit zu achten ist. Die so entstandene Pyramidenkette lässt sich zu einem geschlossenen Ring zusammenbiegen.

Bastelmodell 3

Beim Bastelmodell 3 (AB 45 – 47) handelt es sich um einen fünfstrahligen Stern, den man gegebenenfalls als Fensterdekoration vor den Weihnachtsferien basteln lassen kann. Da der Zusammenbau dieses Modells keine sonderlichen Schwierigkeiten macht, kann der Stern bereits in Klasse 7/8 vorgestellt werden. Weil fernerhin in dieser Jahrgangsstufe das Aufstellen von Lösungsplänen für geometrische Konstruktionen verbindliches Stoffgebiet ist, kann man die einzelnen Drachenvierecke gegebenenfalls konstruieren lassen. Die Maße entnimmt man der Vorlage.

Bastelmodell 4

Bei diesem Modell (AB 48 – 52) handelt es sich um einen
Weihnachtsstern auf der Basis des Ikosaeders, dem auf seine
zwanzig Flächen Pyramiden »aufgesetzt« wurden. Nur mit
großer Sorgfalt lässt sich ein ansprechender Stern erstellen.
Zunächst werden die fünf Vorlagen ausgeschnitten und
miteinander verbunden, indem Falz A unter Kante A geklebt
wird. Anschließend werden alle Linien mit einem Schneide-
messer angeritzt oder mit einem Falzbein vorbehandelt,
um den Karton besser knicken zu können.
An den mit • gekennzeichneten Stellen wird der Karton
durchgetrennt.
Je drei zusammengehörige Dreiecke werden zu einer
Pyramide geklebt. Die zwanzig Pyramiden werden dann
miteinander verbunden.

Bastelmodell 5

Bei diesem Modell (AB 53 – 54)
entsteht ein Kalender
für das Jahr 2011.

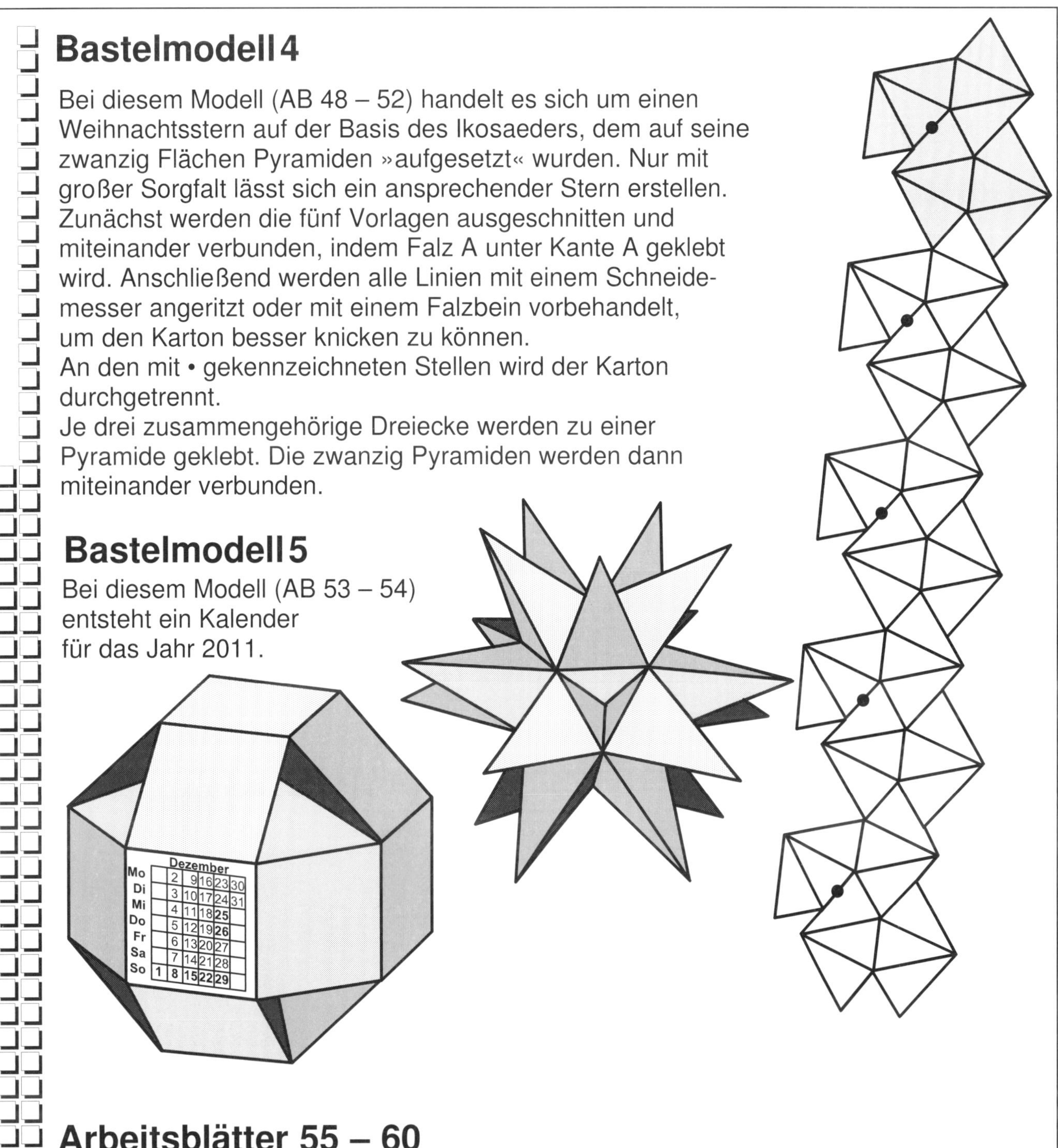

Arbeitsblätter 55 – 60

Die Vorlagen AB 55, AB 56, AB 57 und AB 60 dienen dazu, die zeichnerische
Darstellung von linearen und nicht-linearen Funktionen, quadratischer Funktionen,
Potenz-, Exponential-, Logarithmusfunktionen sowie trigonometrischer
Funktionen effektiver bewältigen zu können.
Jeder Schüler beklebt seine Vorlage mit Folie oder laminiert sie, damit sie mit
wasserlöslichen Stiften beschriftet und jederzeit wieder gelöscht werden kann.
Die Transparentvorlagen AB 58 und AB 59 zeigen die Funktionen mit

$$y = x^2,\ y = \tfrac{1}{2}\,x^2,\ y = \tfrac{1}{3}\,x^2,\ y = 2x^2,\ y = x^3,\ y = 2^x,\ y = \left(\tfrac{1}{2}\right)^x,\ y = x^{-2},\ x = x^{-1}.$$

Diese durchscheinenden Vorlagen können gegebenenfalls ausgeschnitten und
aufgelegt bzw. verschoben werden, um z. B. den Verlauf der
Funktion $y = a \cdot [(x - d)^2 + e]$ zu zeigen.

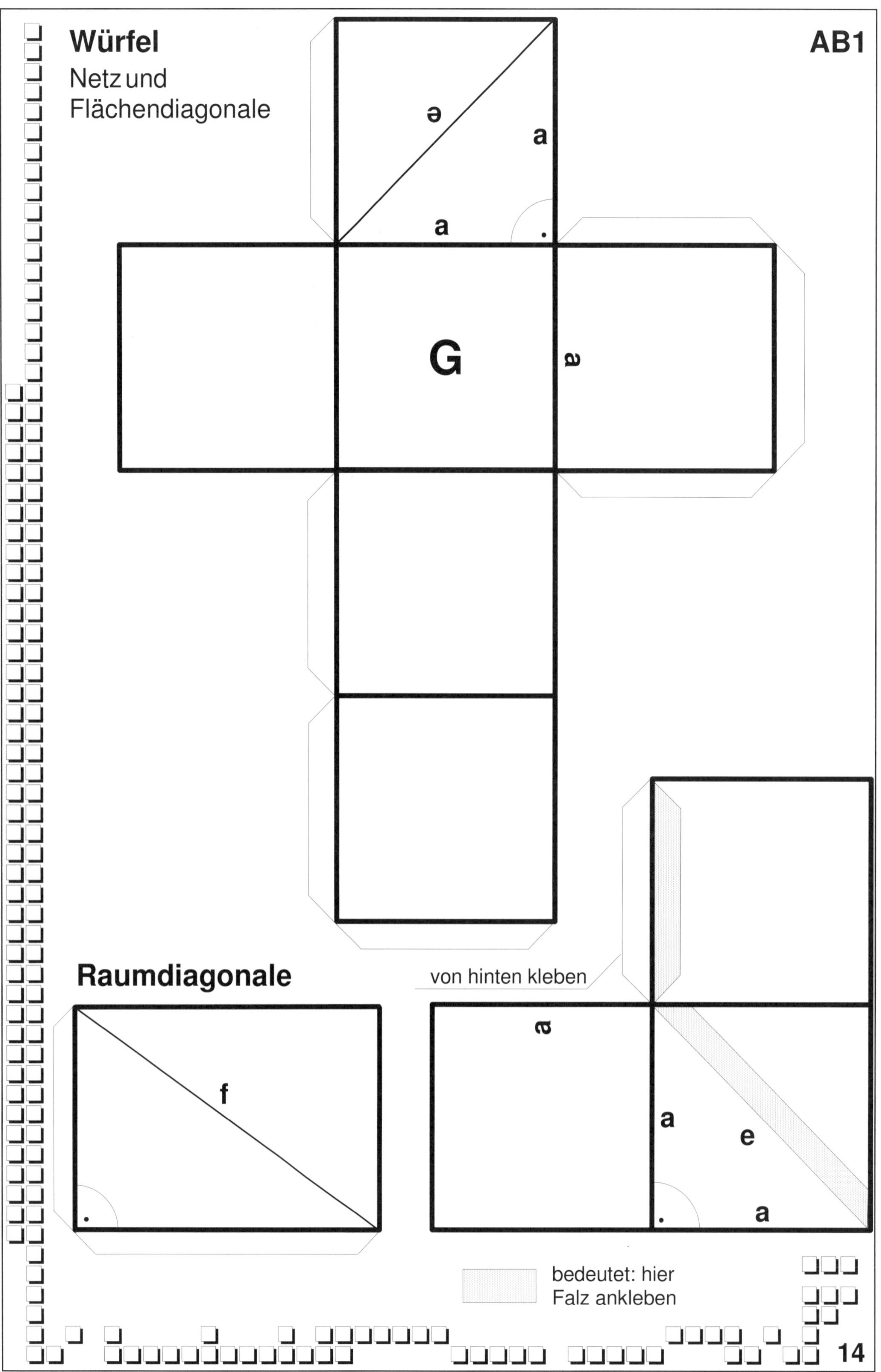

Würfel
Netz und
Flächendiagonale
AB1
a
a
a
G
a
Raumdiagonale
f
von hinten kleben
a
a
e
a
bedeutet: hier
Falz ankleben
14

Quader (Rechtecksäule) AB 2

Flächendiagonalen

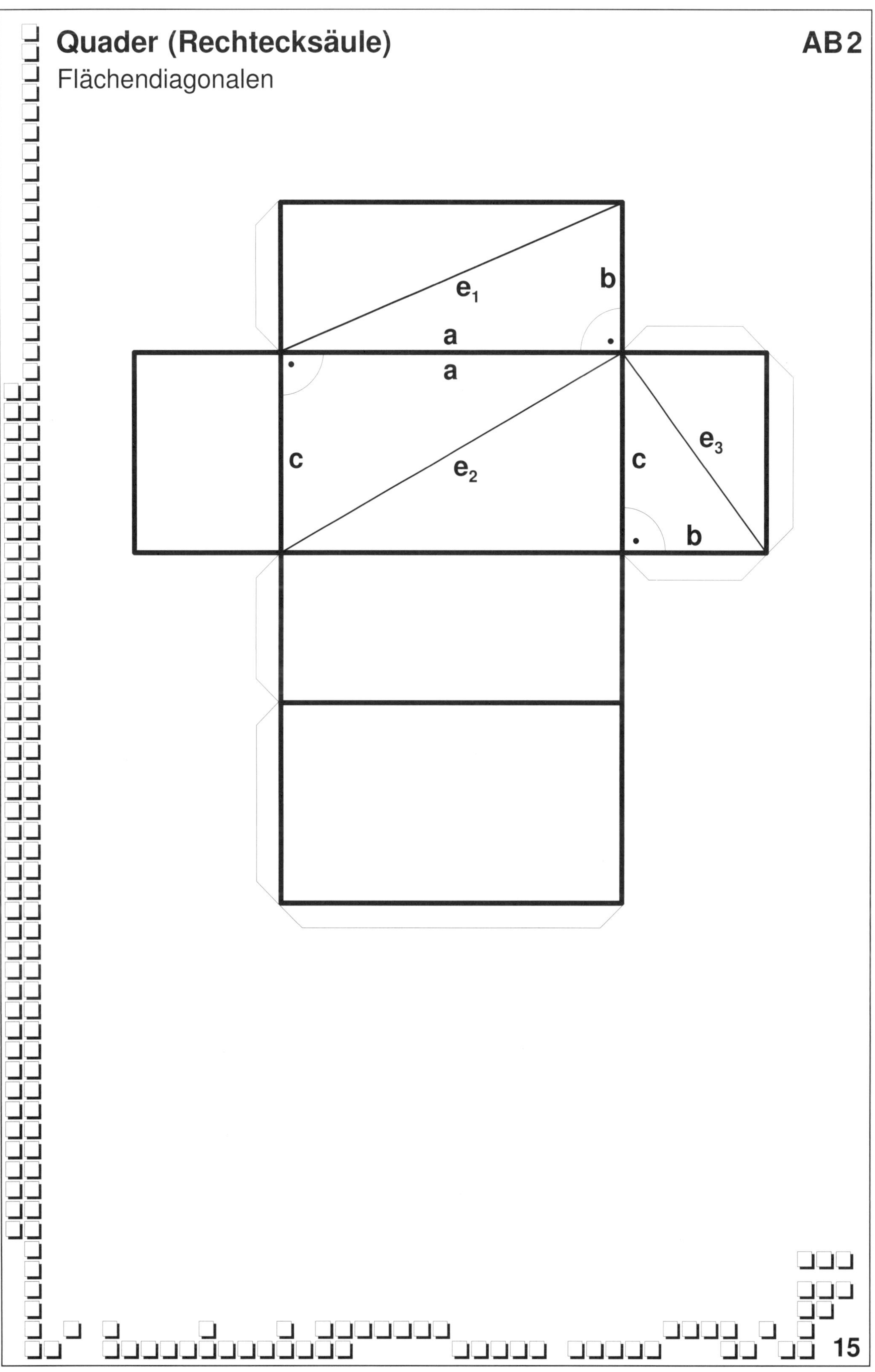

Quader (Rechtecksäule)
Raumdiagonale

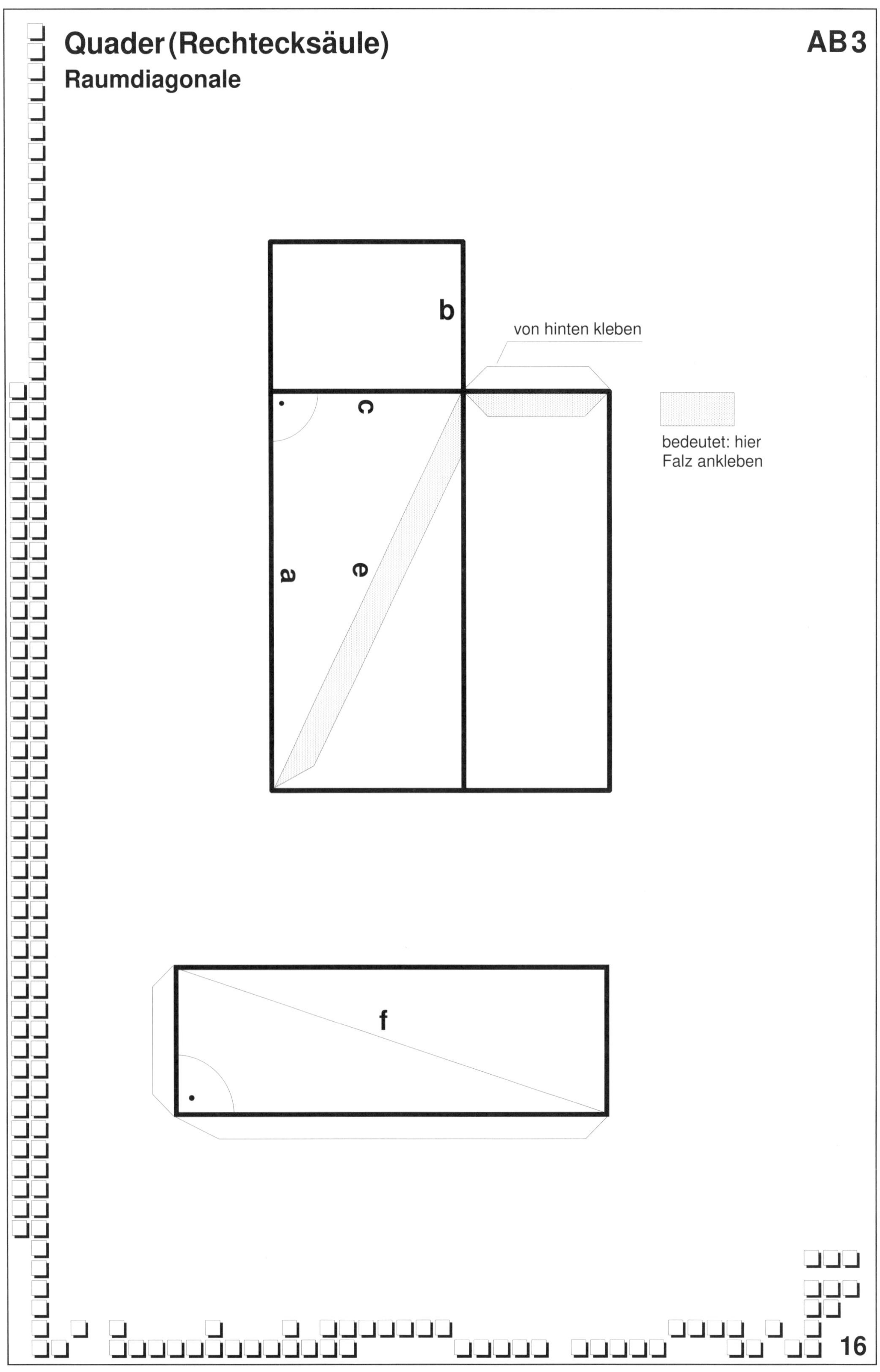

Dreiecksäule
(Grundfläche: allgemeines Dreieck)

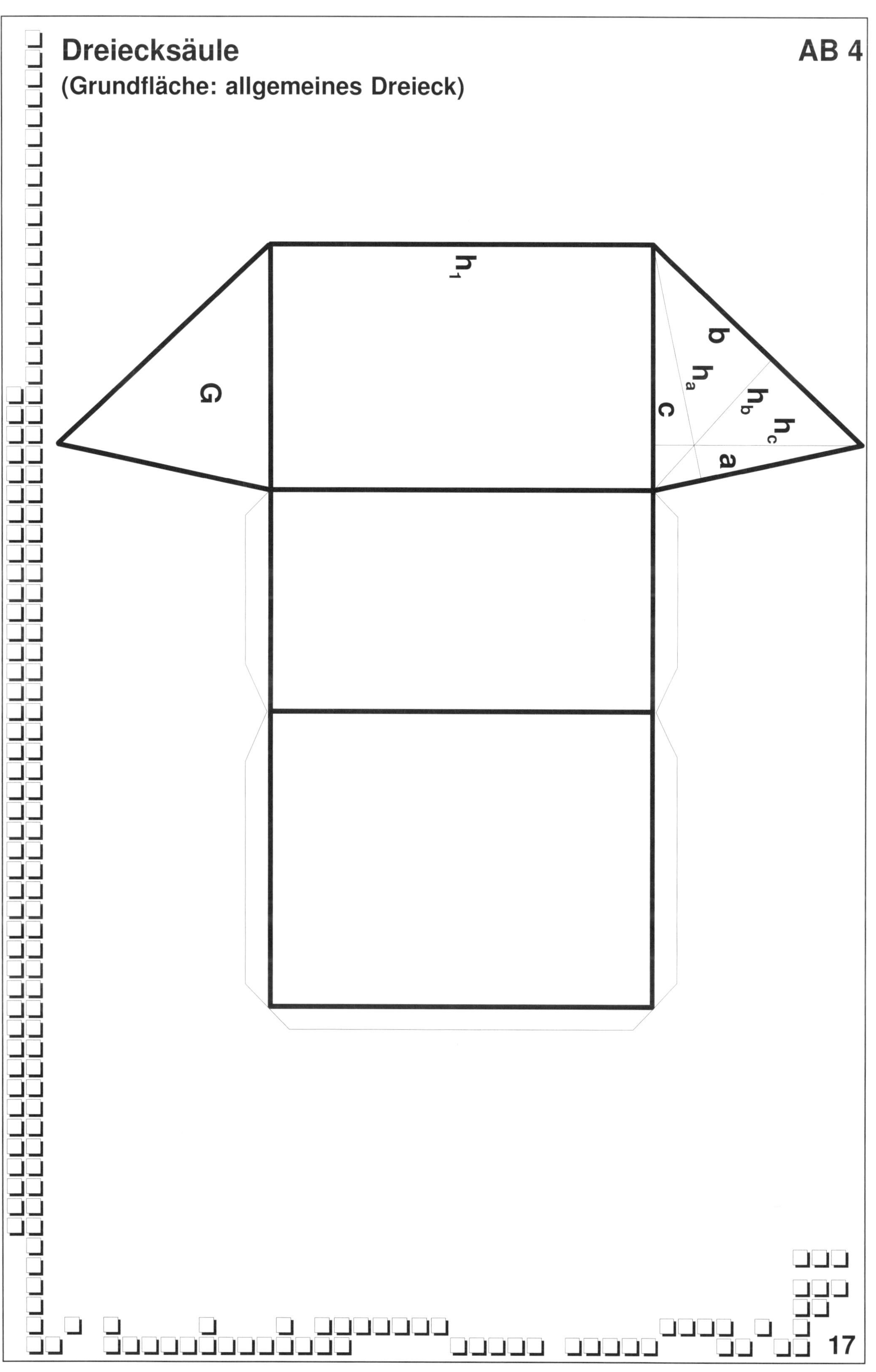

Dreiecksäule

(Grundfläche: rechtwinkliges Dreieck)

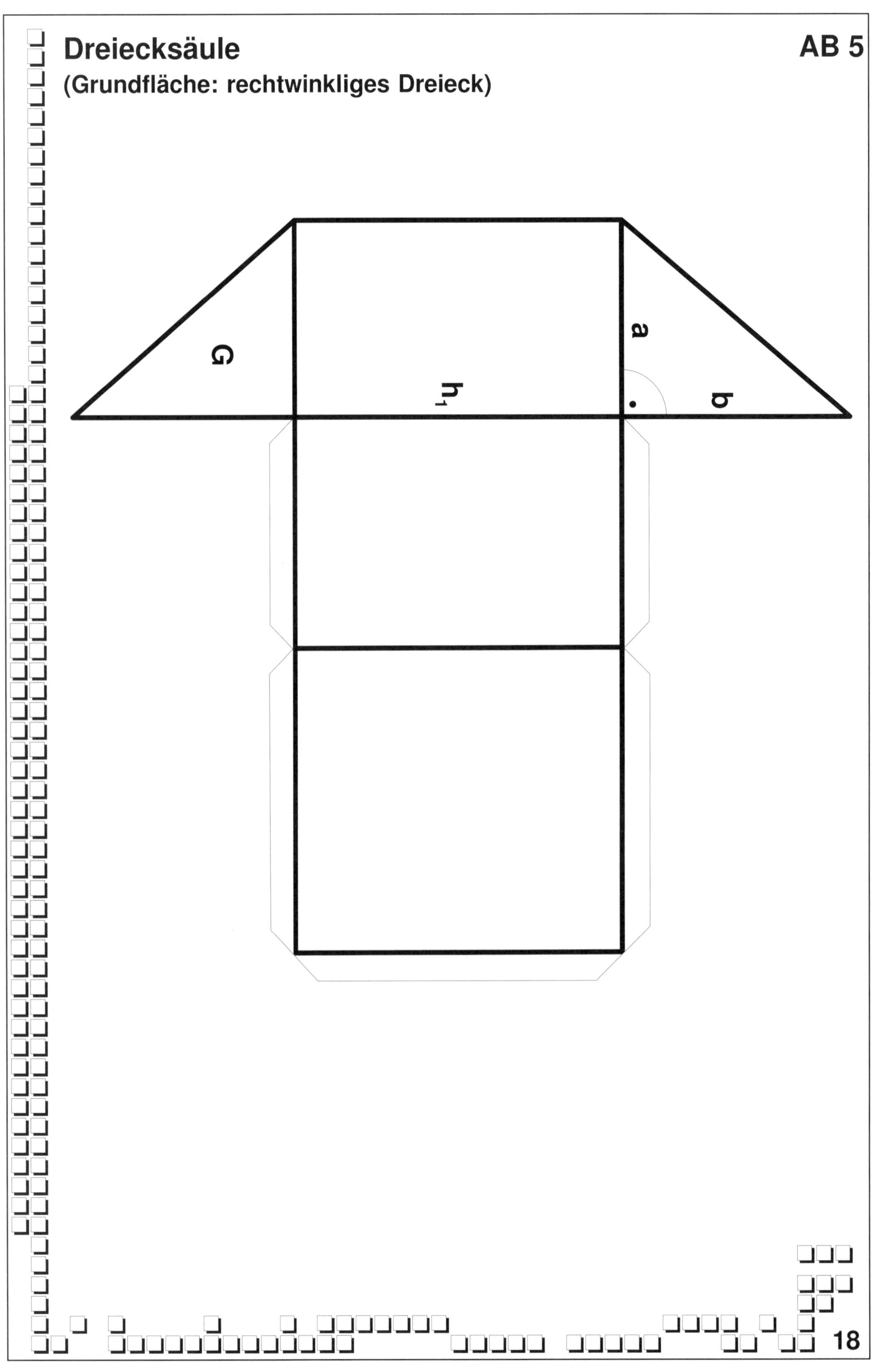

(Grundfläche: gleichschenkliges Dreieck)

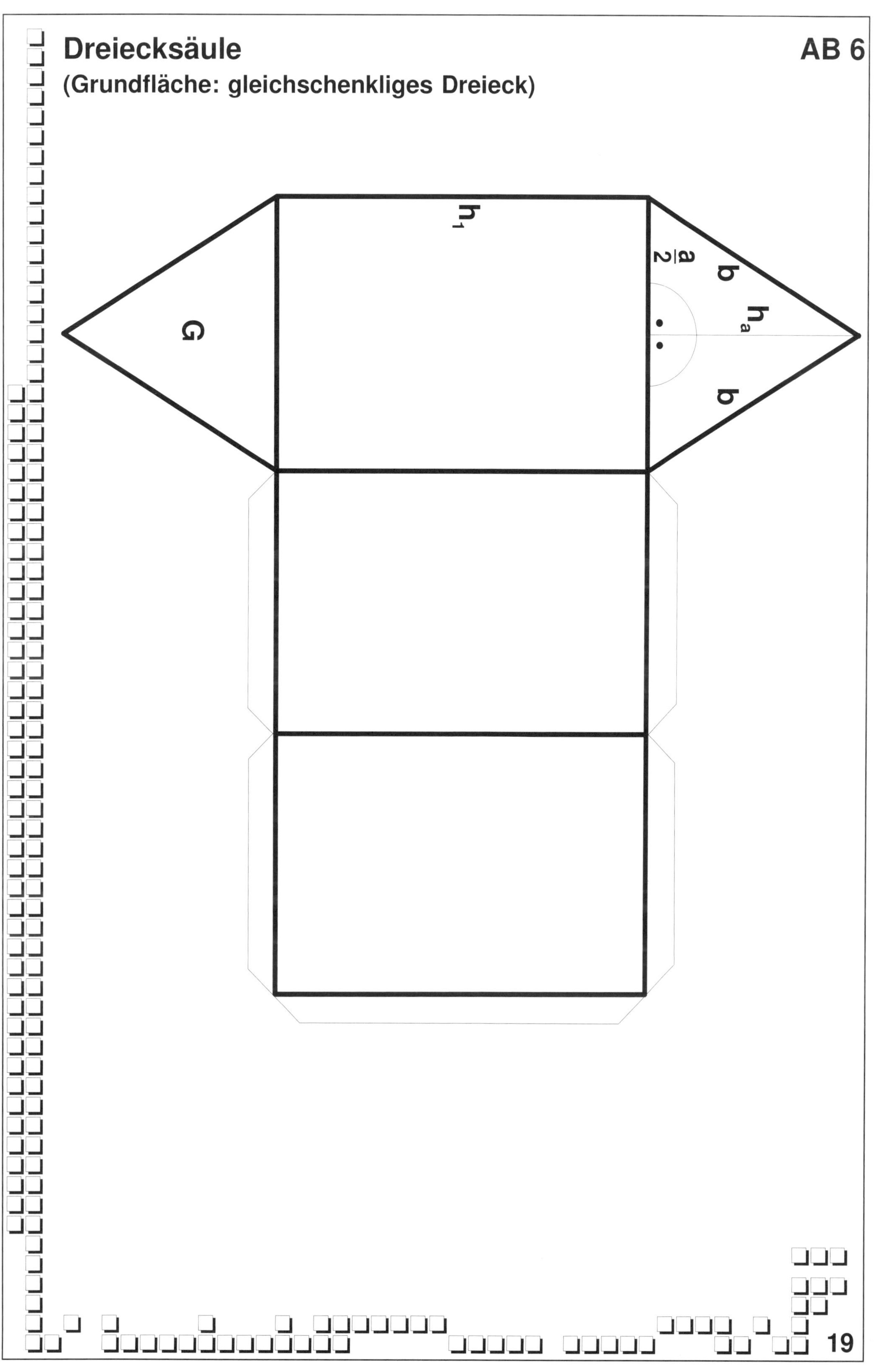

Dreiecksäule
(Grundfläche: gleichseitiges Dreieck)

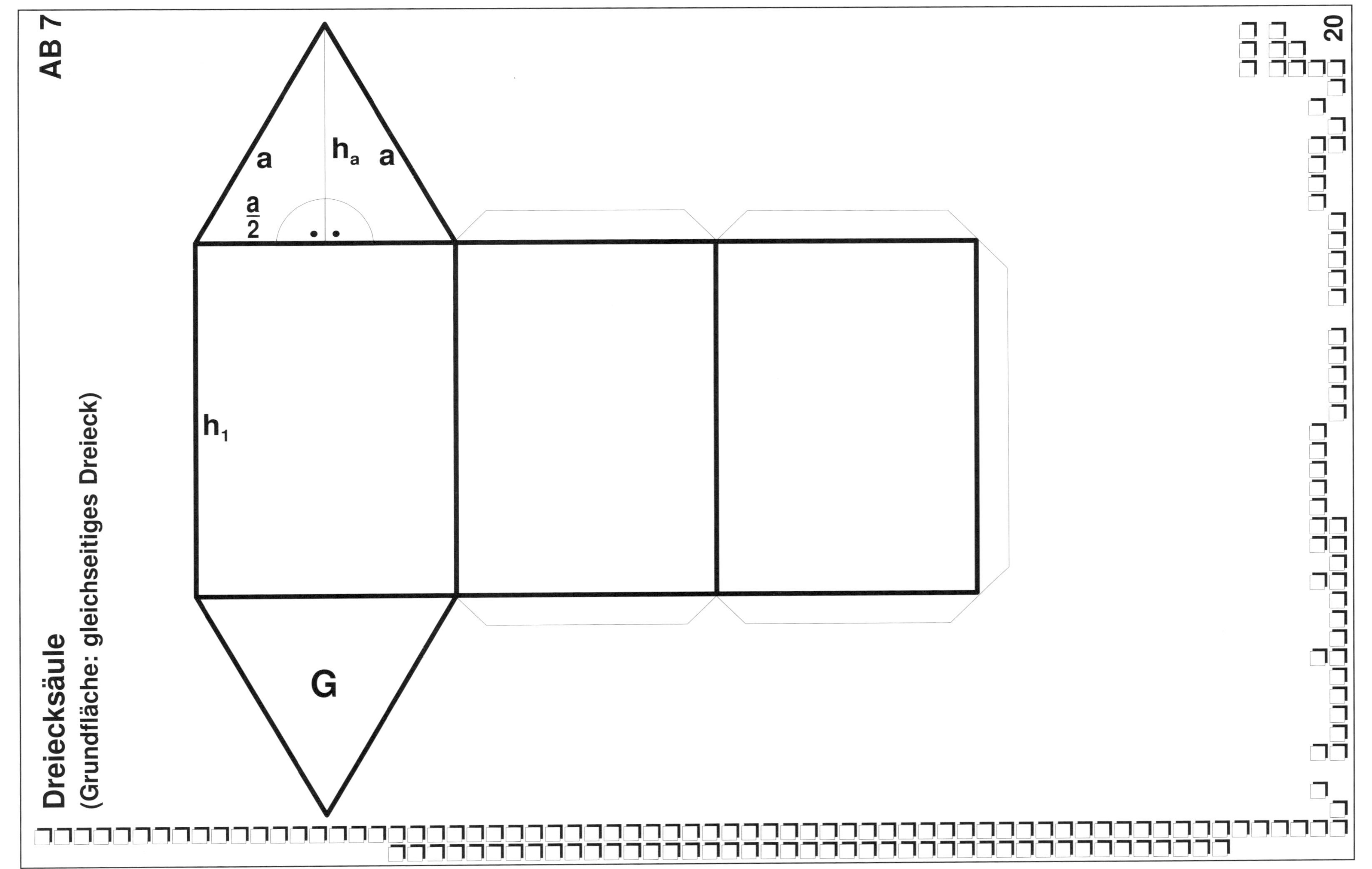

(Grundfläche: Parallelogramm)

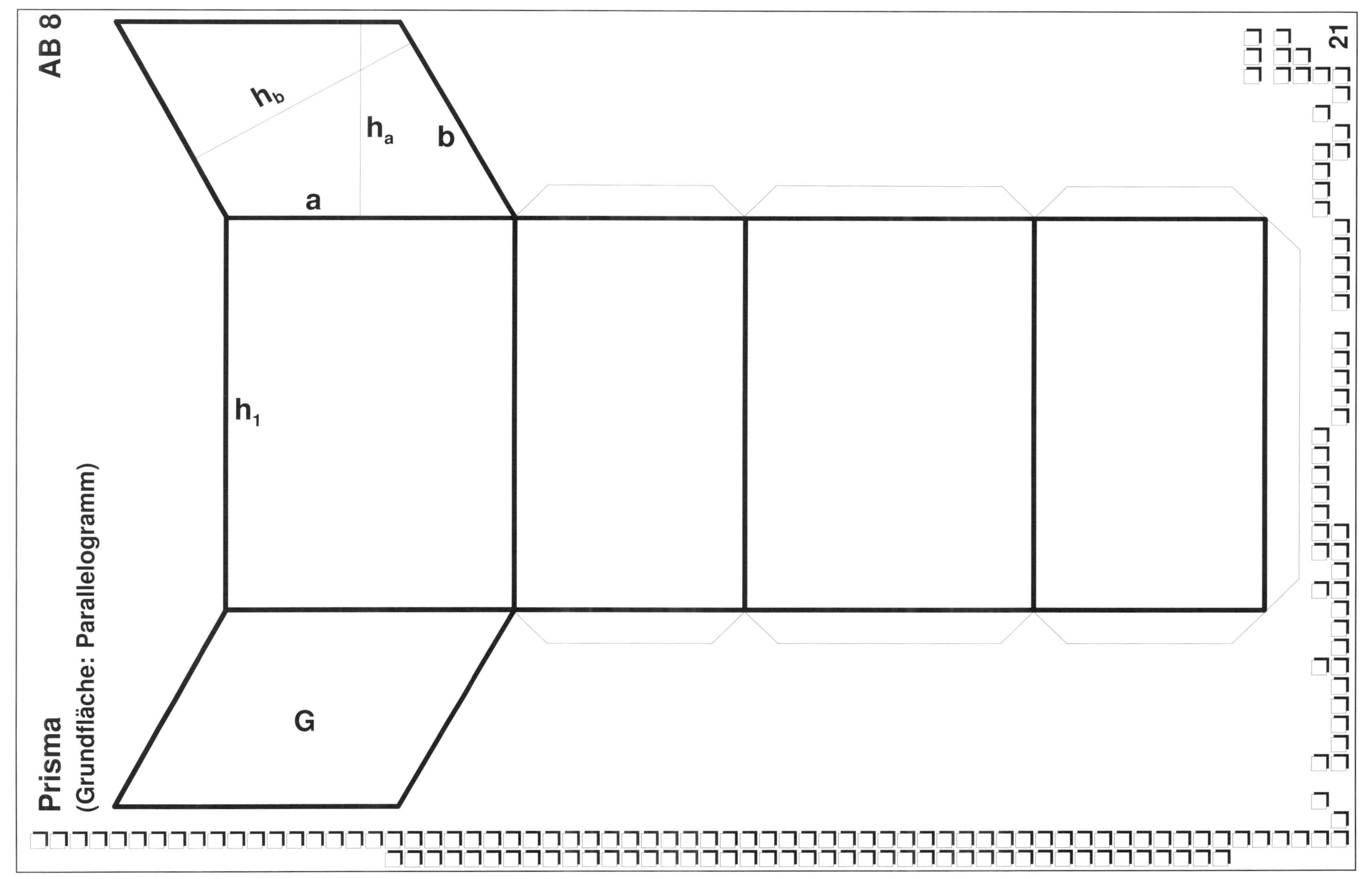

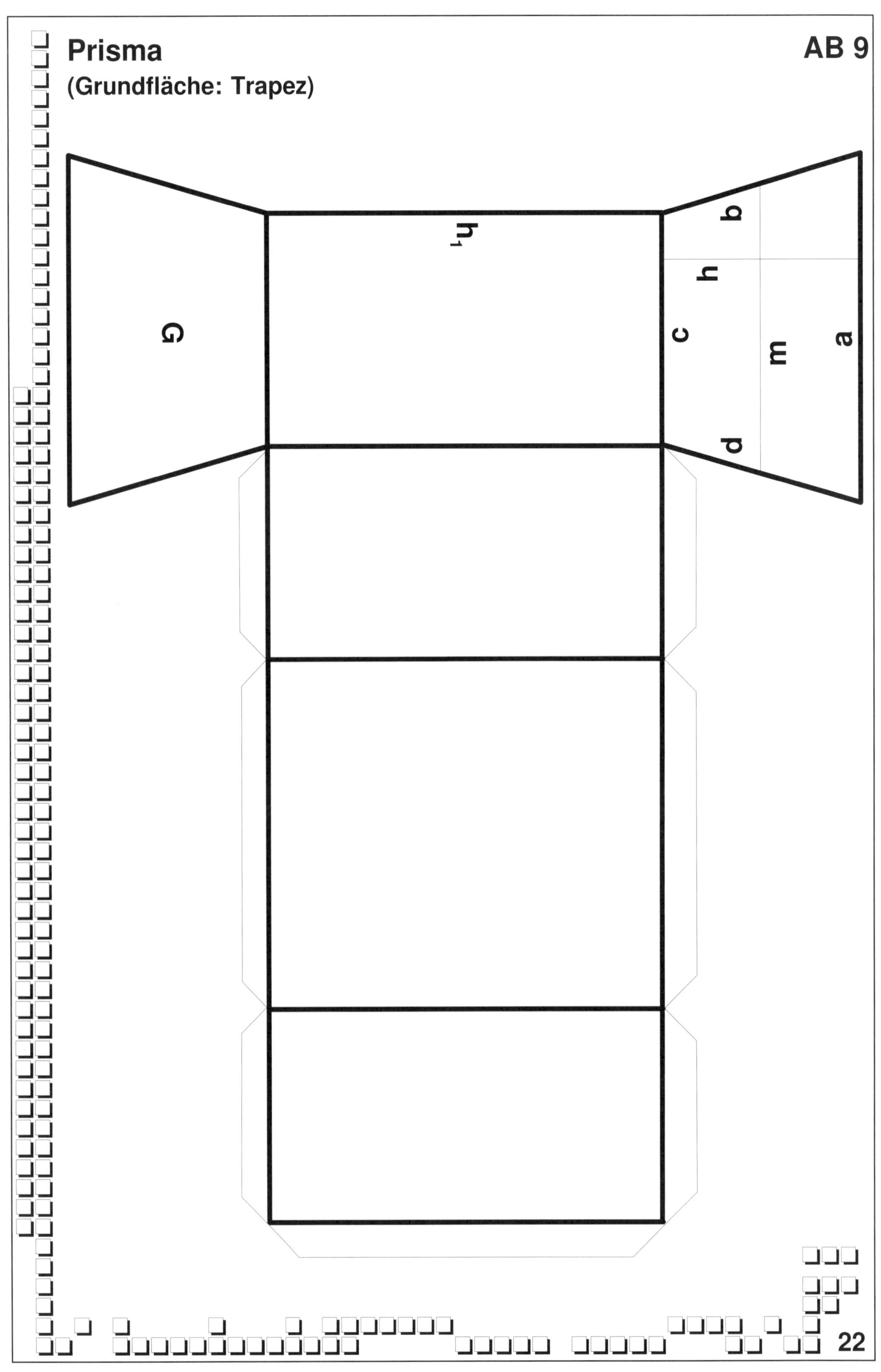
h₁
G
b
h
c
m
a
d

Prisma
(Grundfläche: regelmäßiges Sechseck)

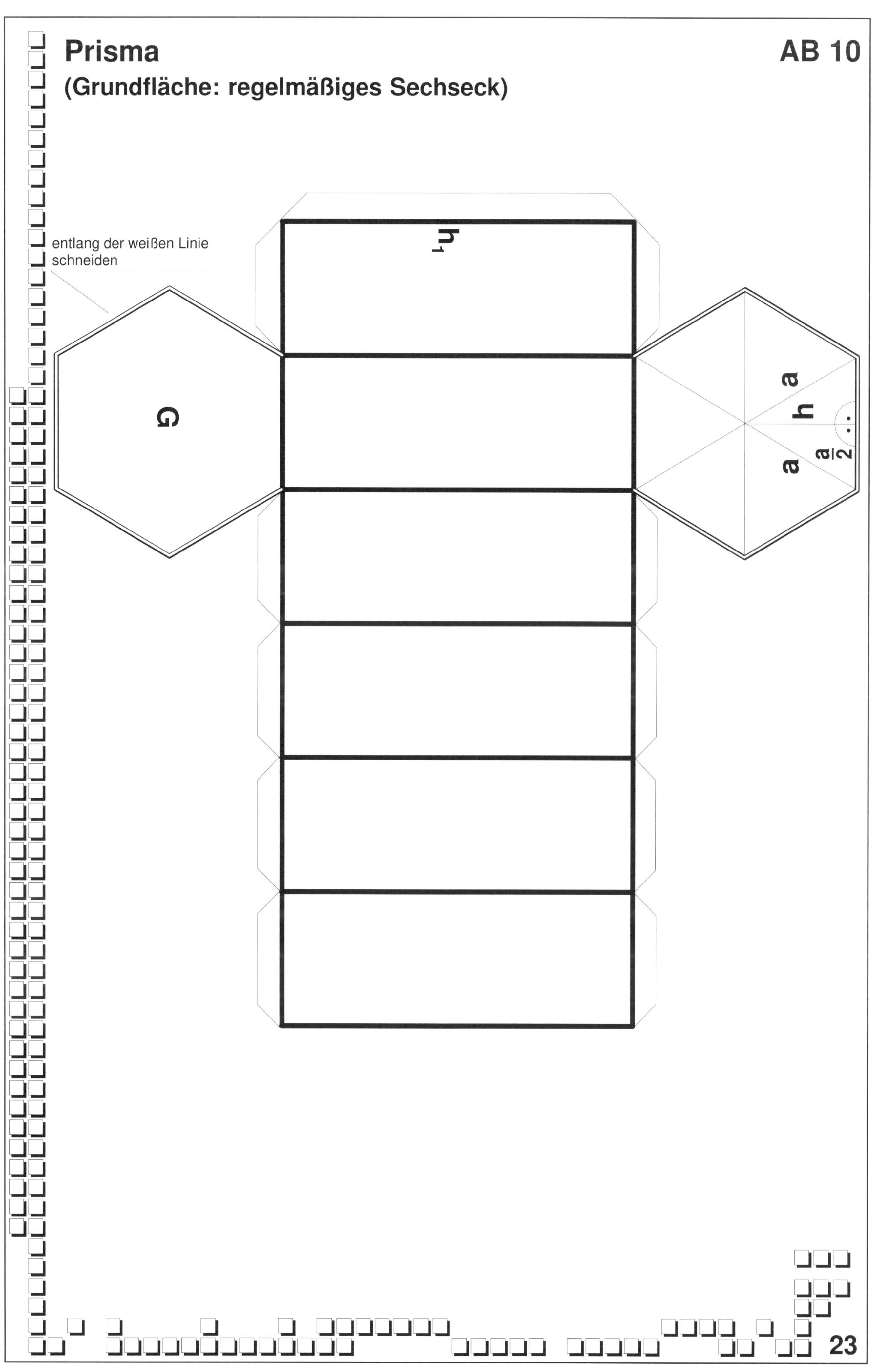

Projekt: Sechskantprisma AB 11

Ein Pralinenhersteller hat als Verpackung für seine Erzeugnisse ein Sechskantprisma gewählt, dessen Netz hier im Maßstab 1 : 2 abgebildet ist. Wenn dein Lehrer spendabel ist, kauft er vielleicht eine Packung Pralinerie in Originalgröße. Falls nicht, benötigst du dieses Blatt zweimal, um 1. das Modell zu basteln und 2. die Rechnungen durchzuführen. Löse gemeinsam mit deiner Nachbarin oder deinem Nachbarn, und zwar immer für die **Originalgröße** des Prismas!

1. Falte den Zuschnitt zu der Verpackungsbox, also dem Sechskantprisma, zusammen.

2. Nimm ein Lineal und stelle alle Maße fest, die du benötigst, um Volumen und Oberfläche dieses Prismas zu berechnen. Wie groß ist das Volumen?

3. Denke dir die Klebefalzen fort und statt des raffinierten Deckelverschlusses ein einfaches Sechseck. Wie groß ist die Oberfläche?

4. Wie viel cm² werden für die Klebefalzen und den Deckel »verschenkt«? Berechne den prozentualen Anteil.

5. Es werden pro Monat 150 000 Packungen verkauft. Wie viel m² Karton werden dafür benötigt, wenn man mit 11,5 % Verschnitt rechnet.

6. Eine Packung enthält laut Aufschrift 200 g Pralinen. Wie viel Tonnen dieser Pralinensorte werden jeden Monat »vertilgt«?

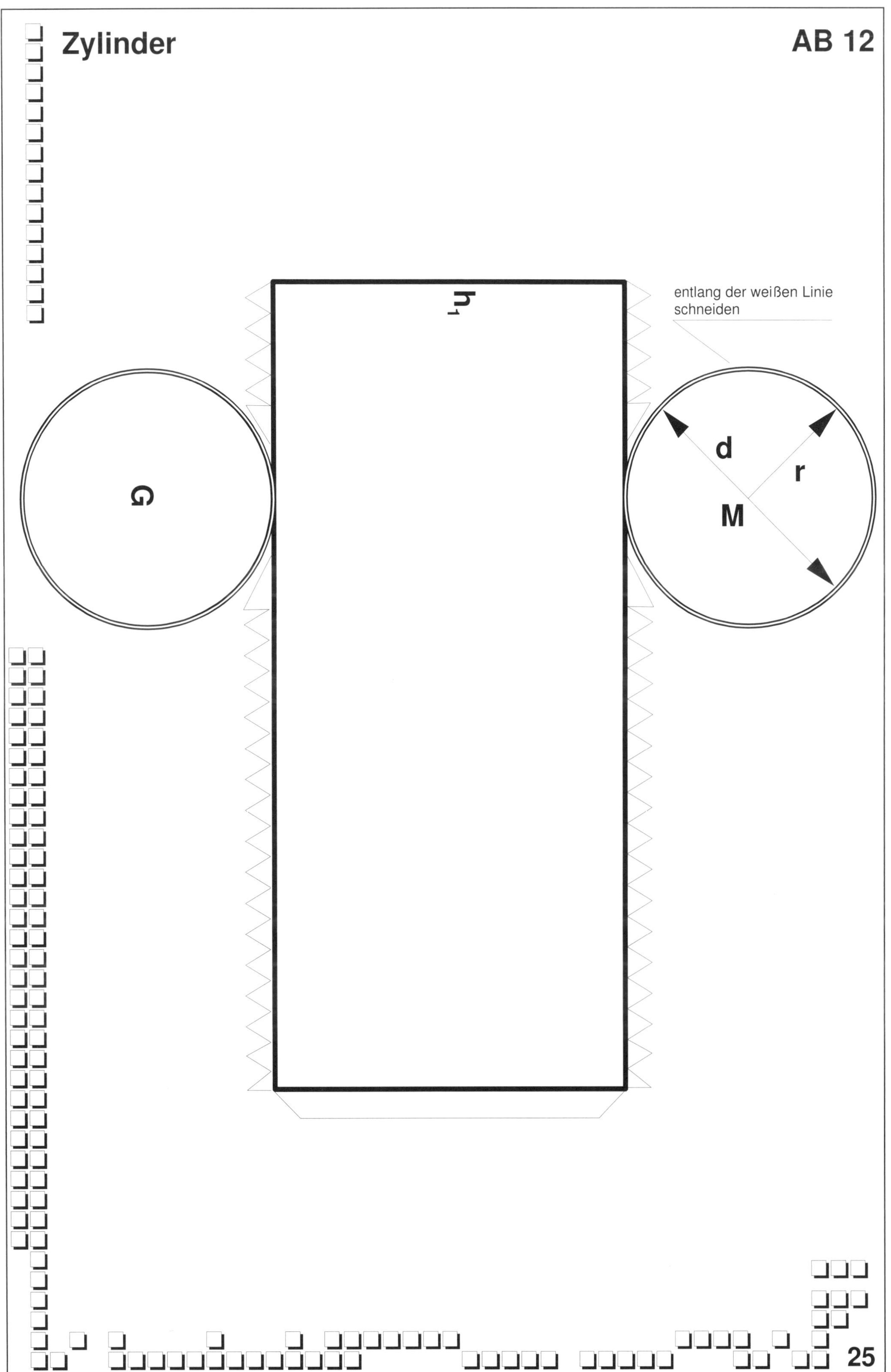
h₁
entlang der weißen Linie
schneiden
G
d
r
M

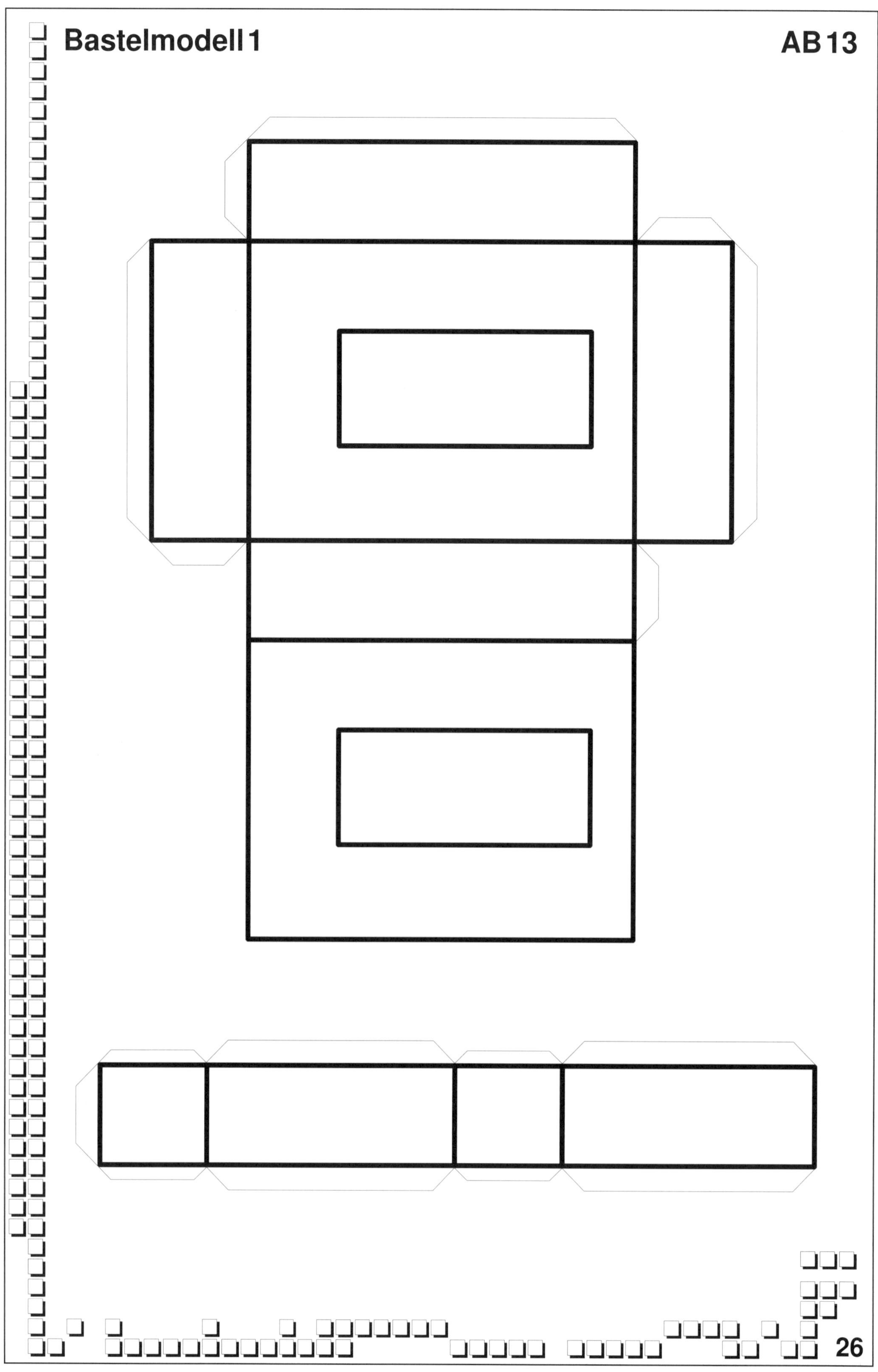

Bastelmodell 1

2 x kopieren

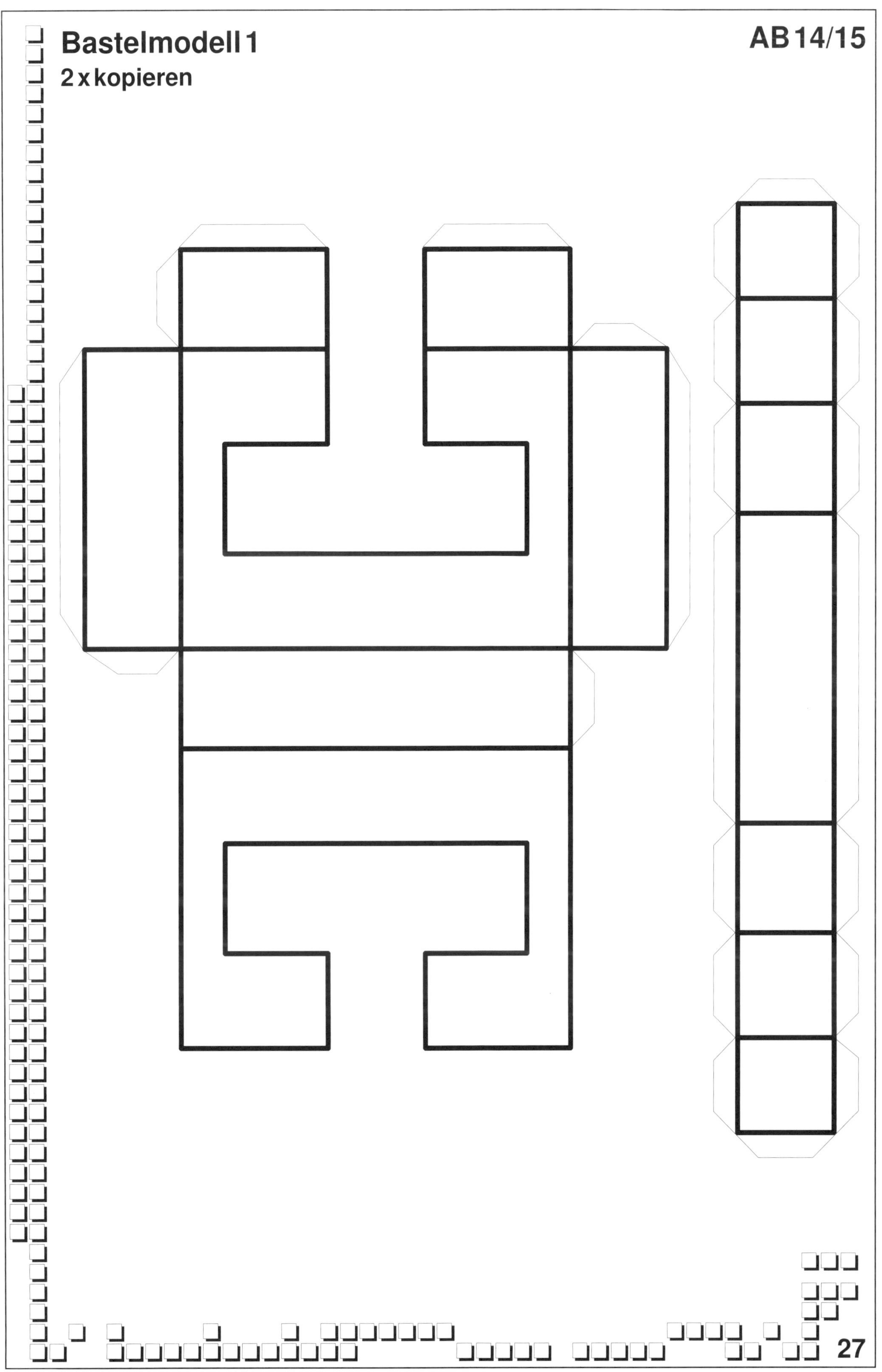

Volumen Pyramide

Herleitung: Satz des Cavalieri

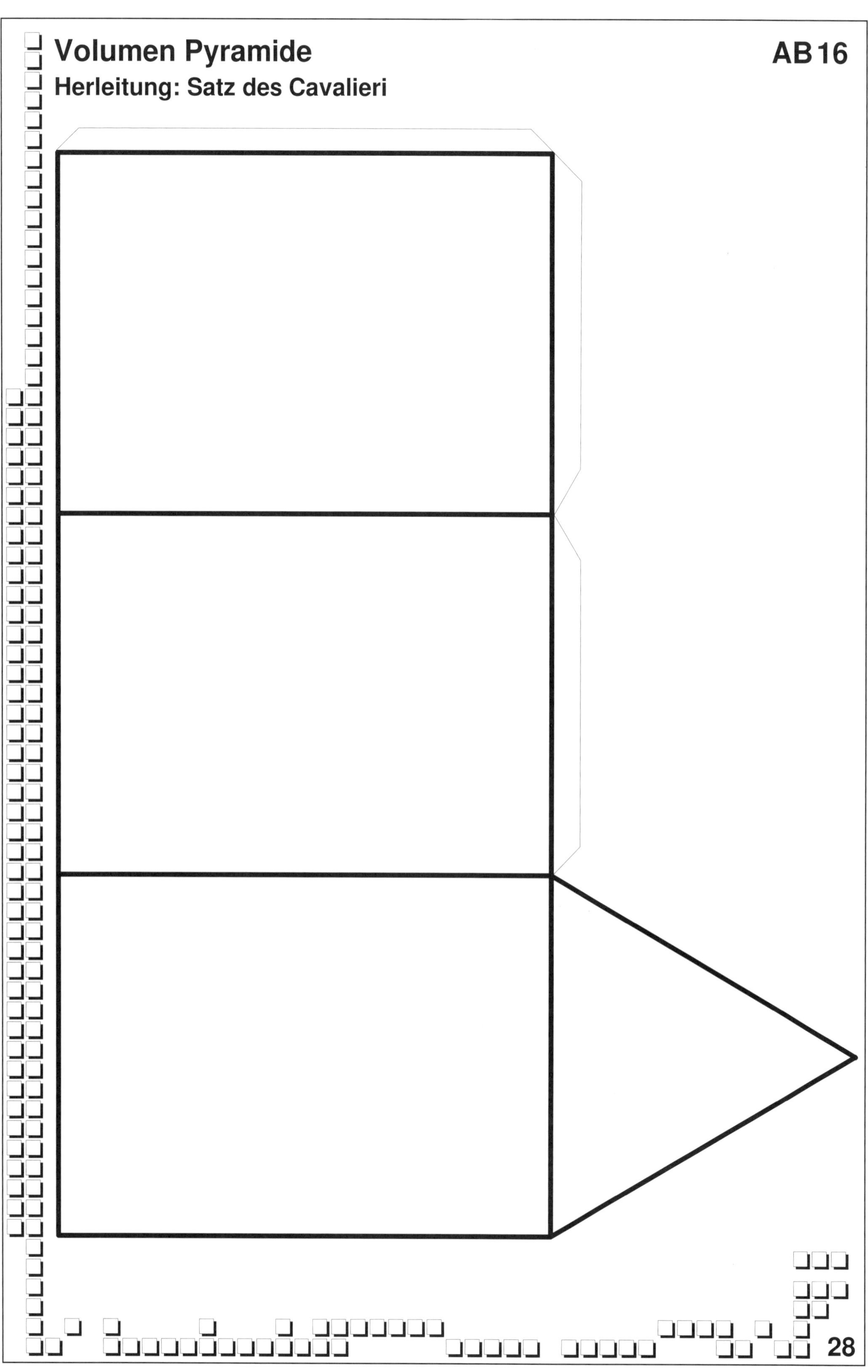

Volumen Pyramide

2 x kopieren

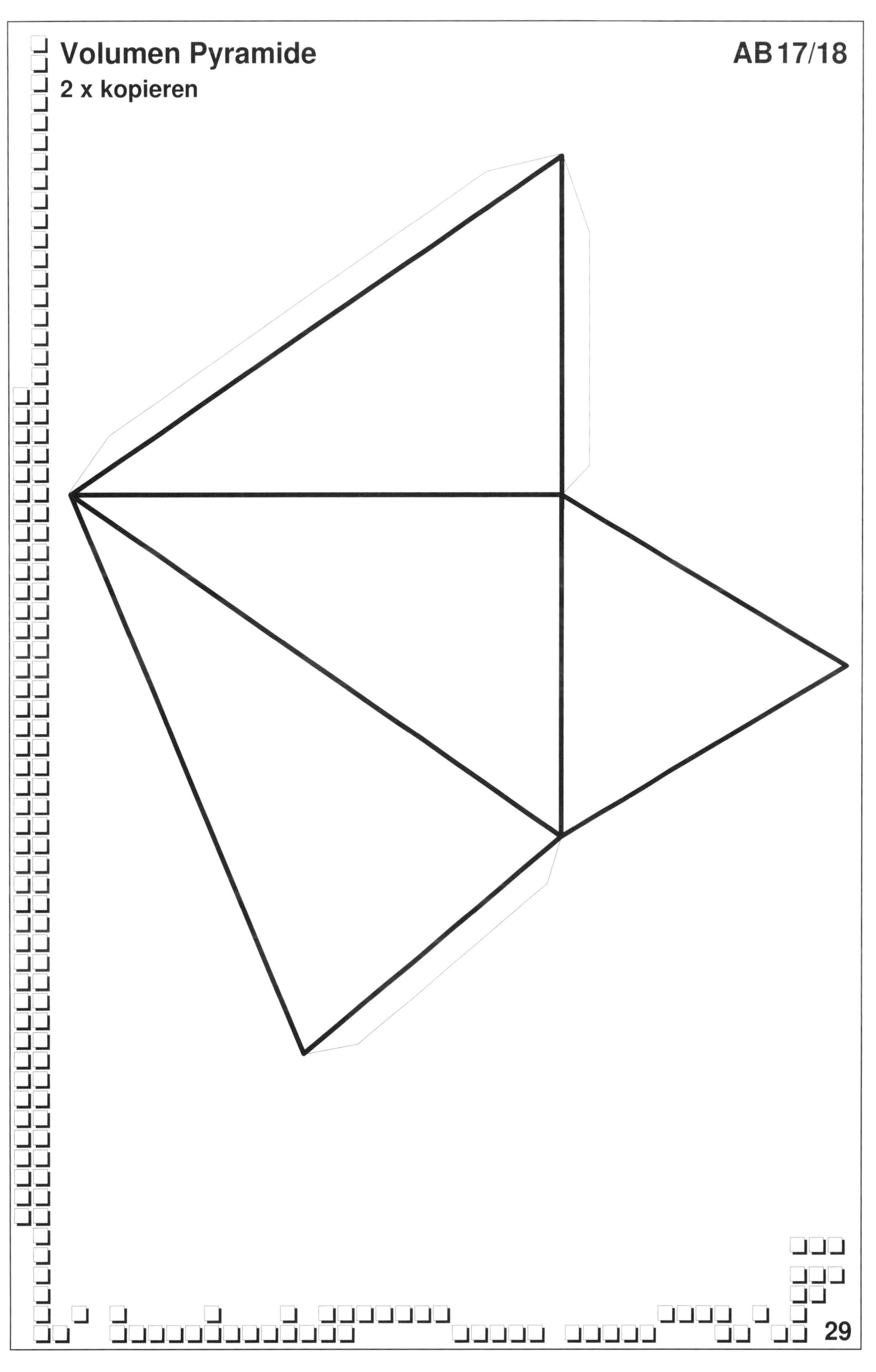

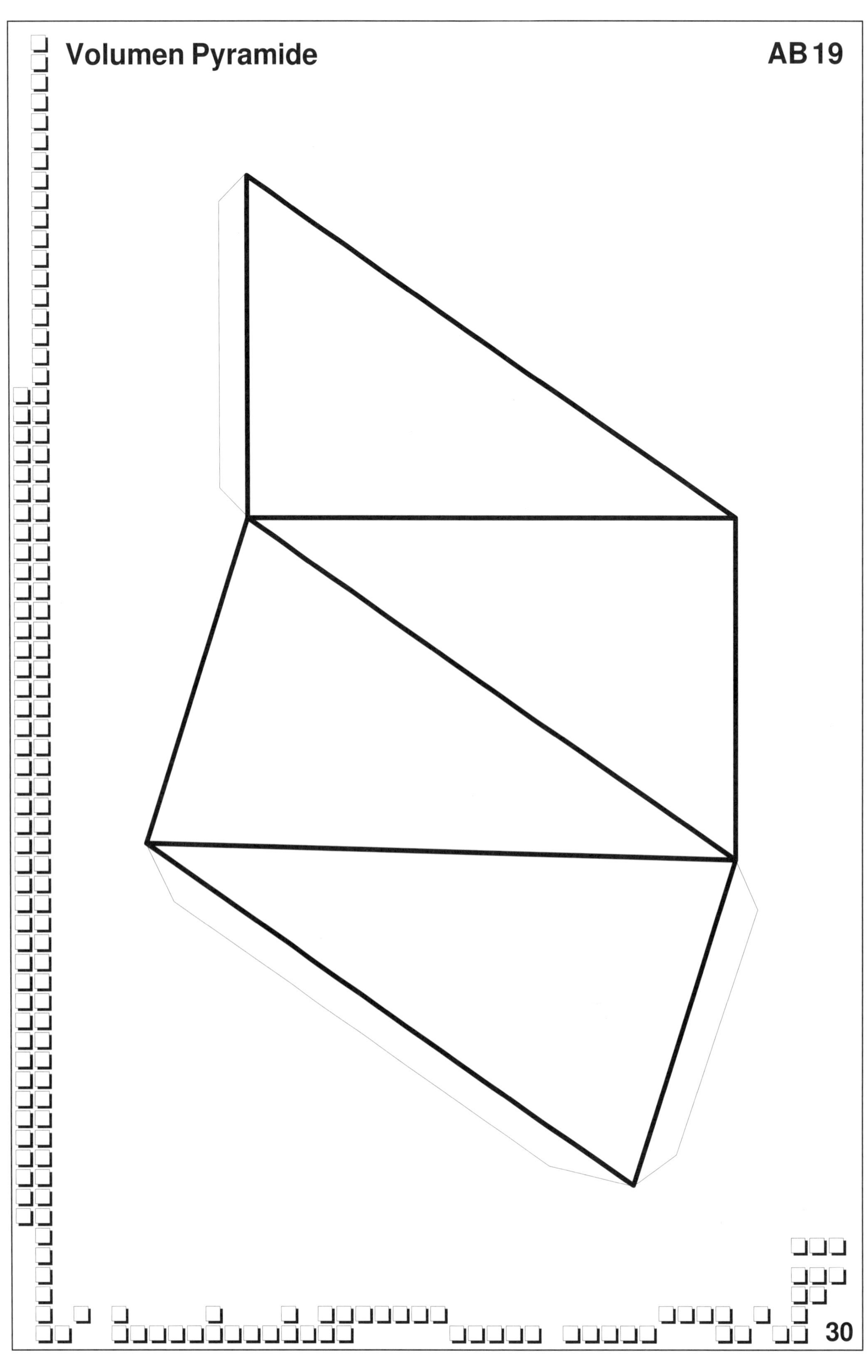

Grundfläche Quadrat

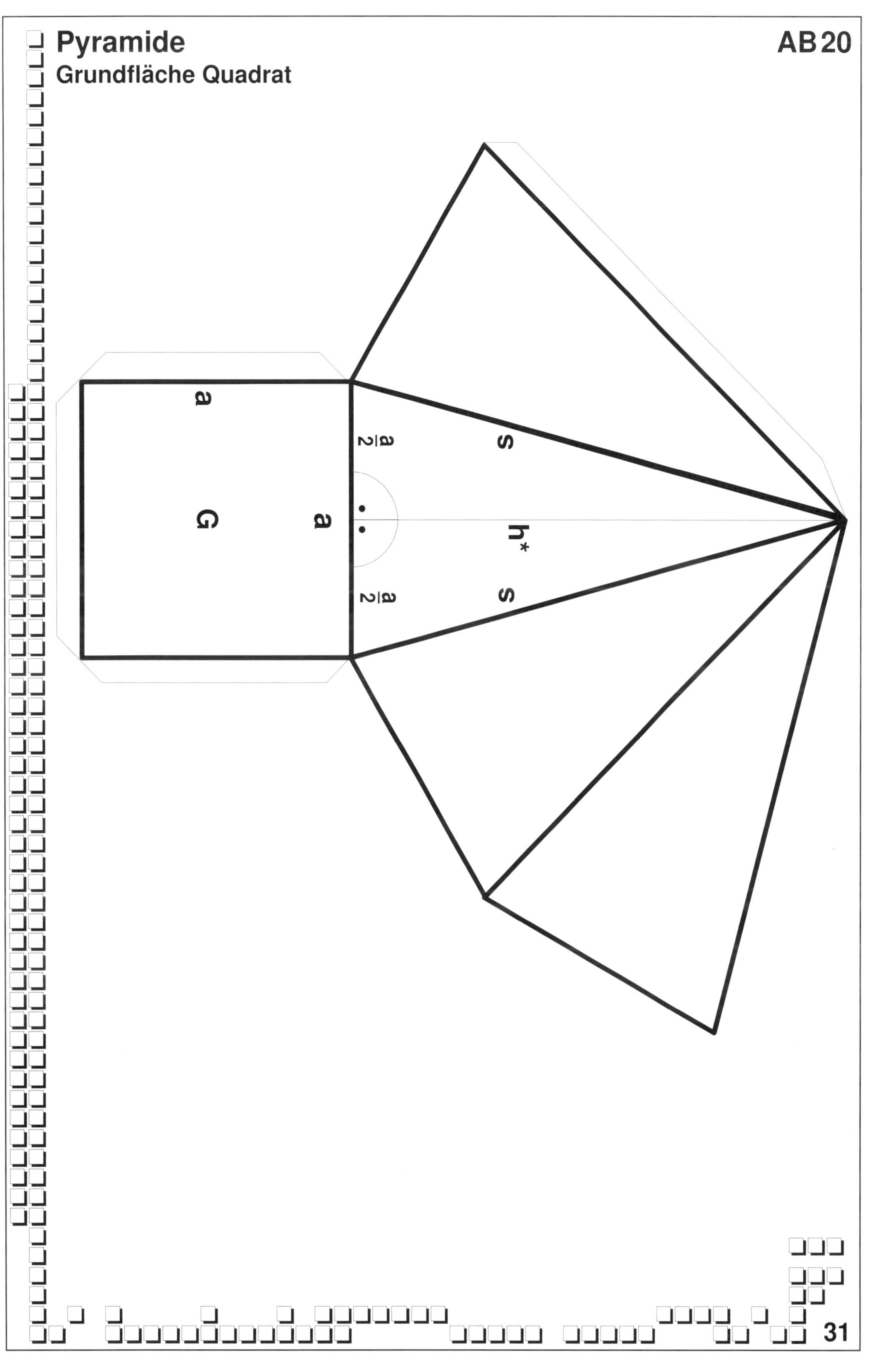

Pyramide (Grundfläche Quadrat)

Berechnung der Höhen h* und h sowie der Seitenkante s

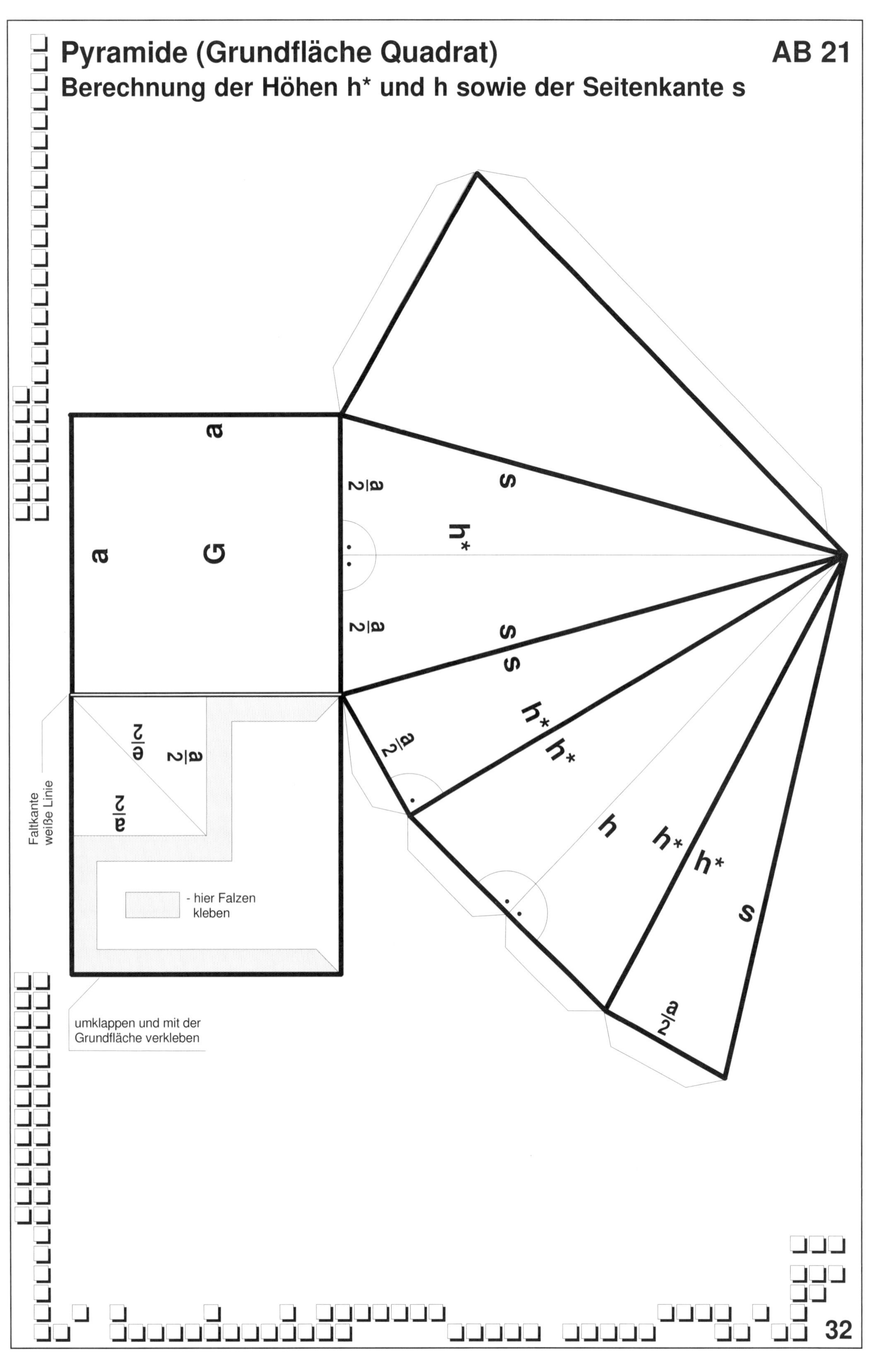

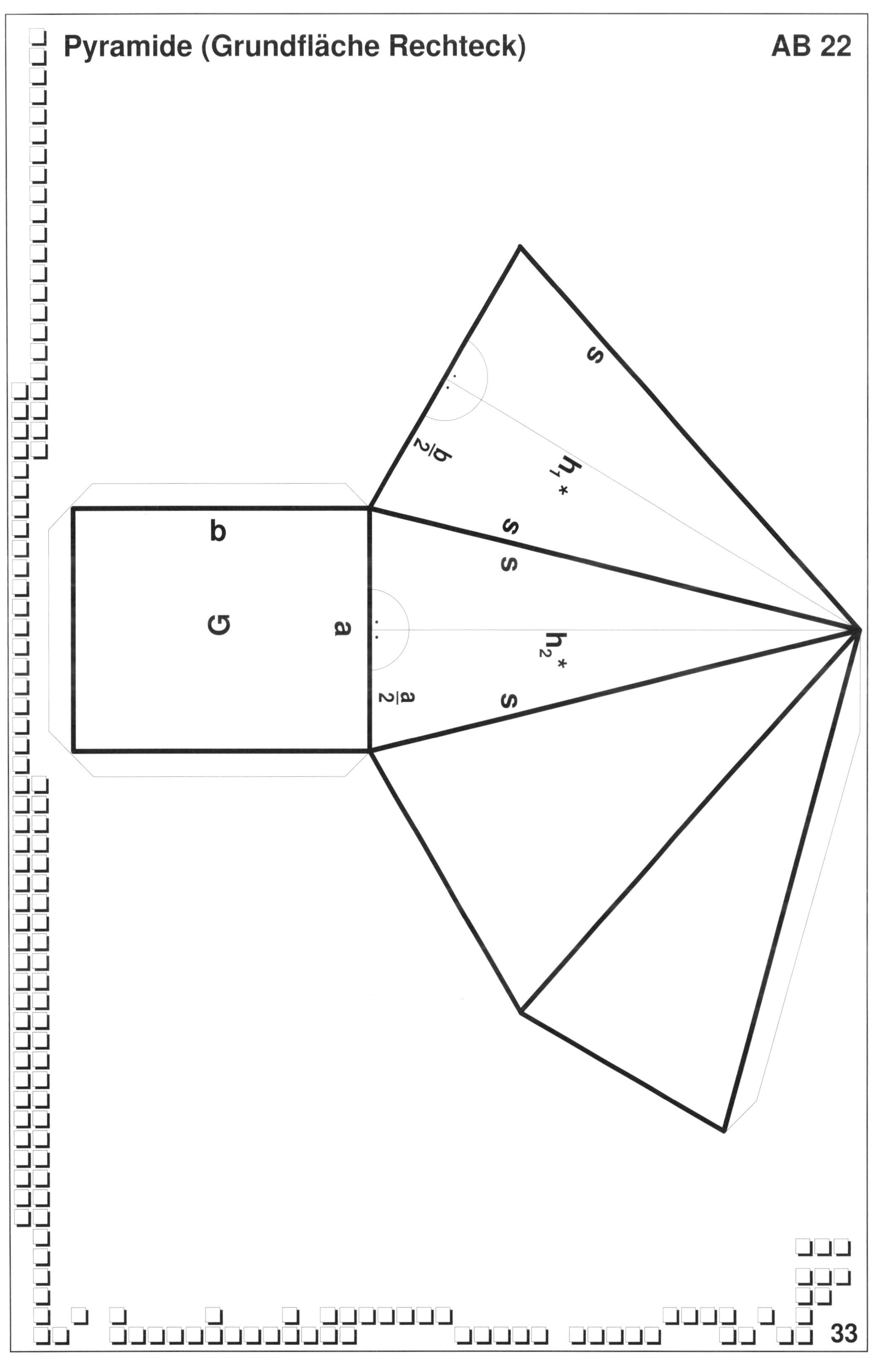

s
$\frac{b}{2}$
h_1*
s
b
G
a
s
$\frac{a}{2}$
h_2*
s

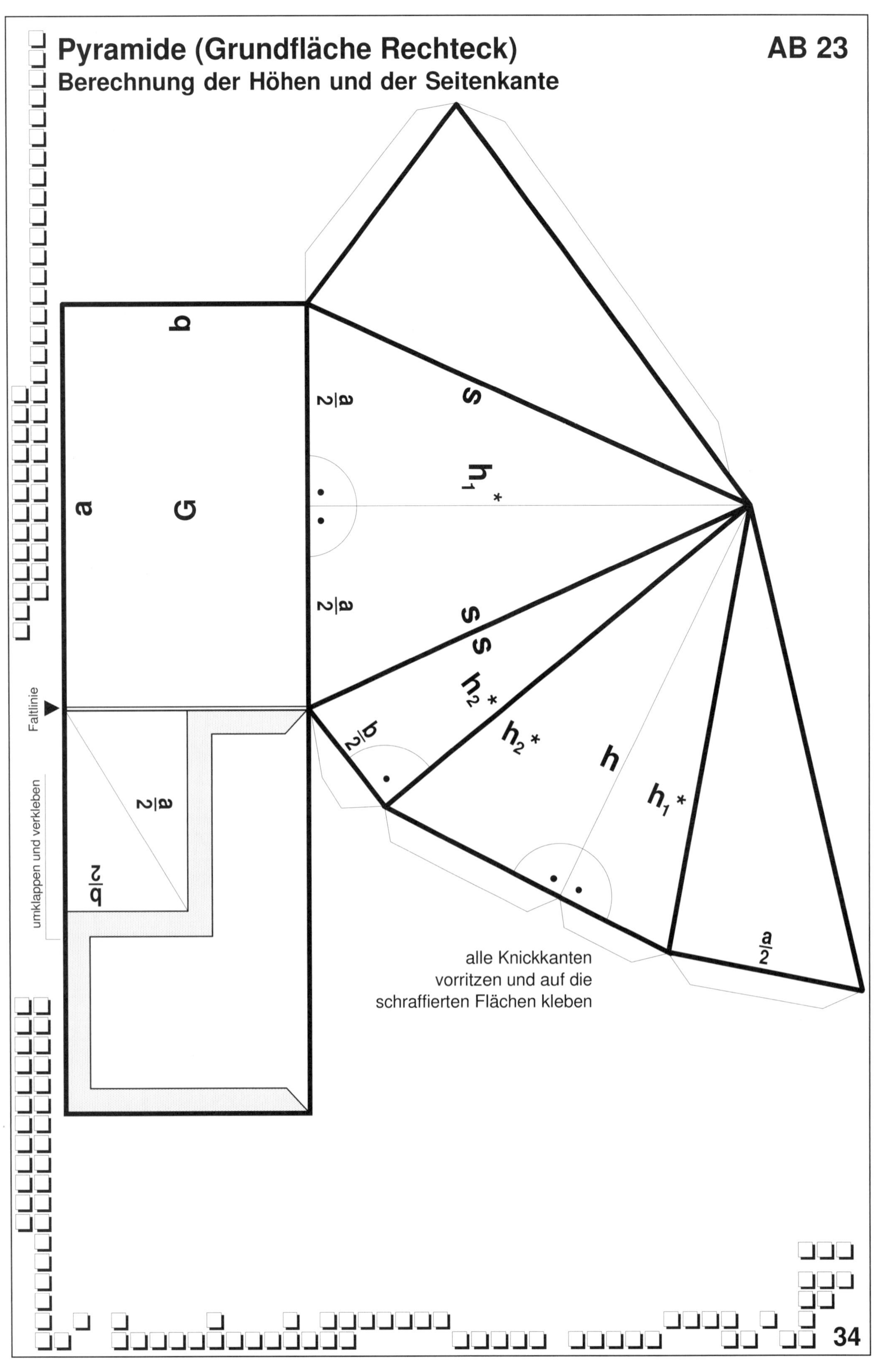
b
a
G
$\frac{a}{2}$
$\frac{a}{2}$
s
h_1 *
s
s
h_2 *
$\frac{b}{2}$
h_2 *
h
h_1 *
$\frac{a}{2}$
Fattlinie
umklappen und verkleben
$\frac{a}{2}$
$\frac{b}{2}$
alle Knickkanten
vorritzen und auf die
schraffierten Flächen kleben

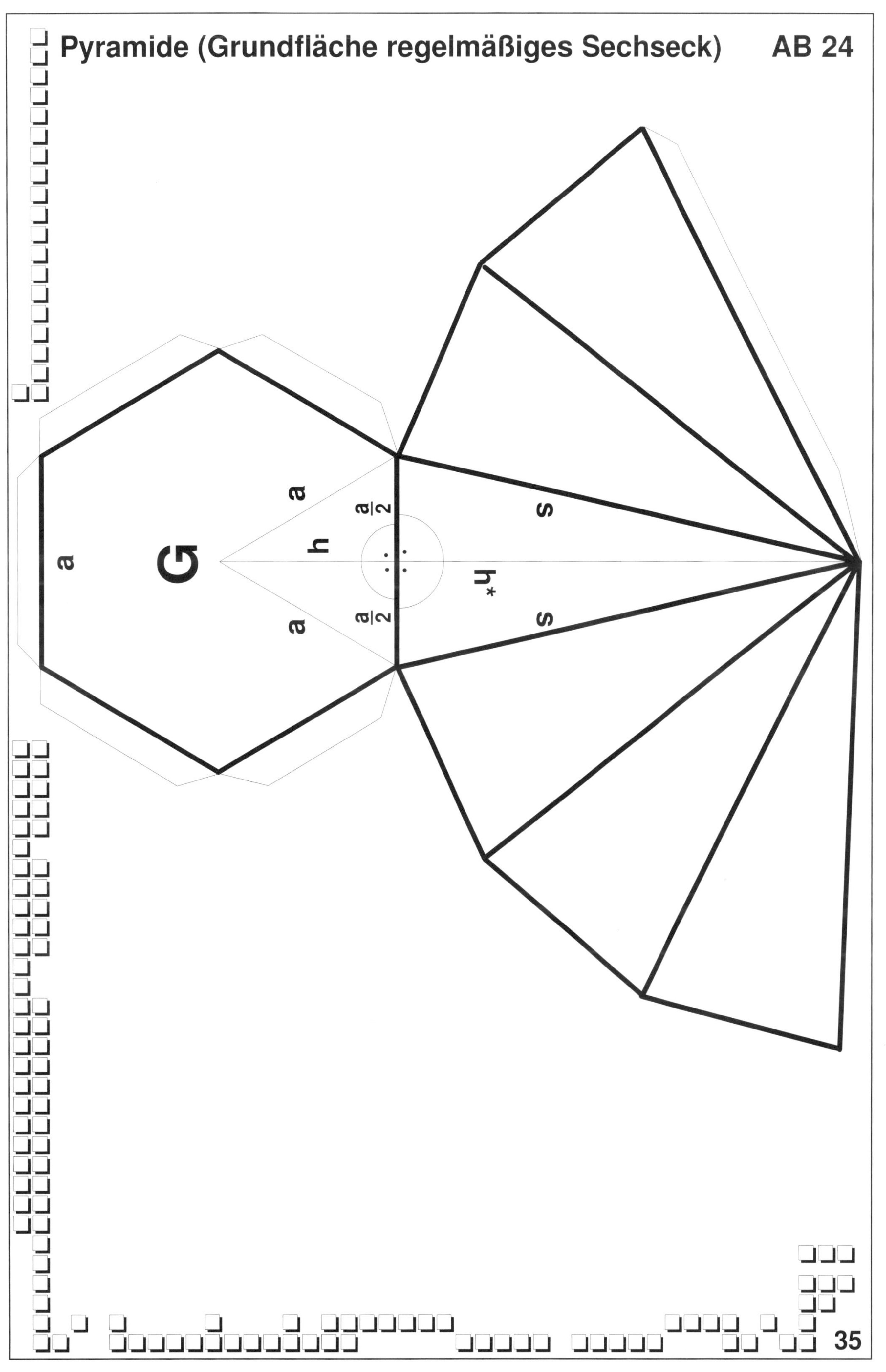

a
a
G
h
a
a/2
a/2
s
s
h*

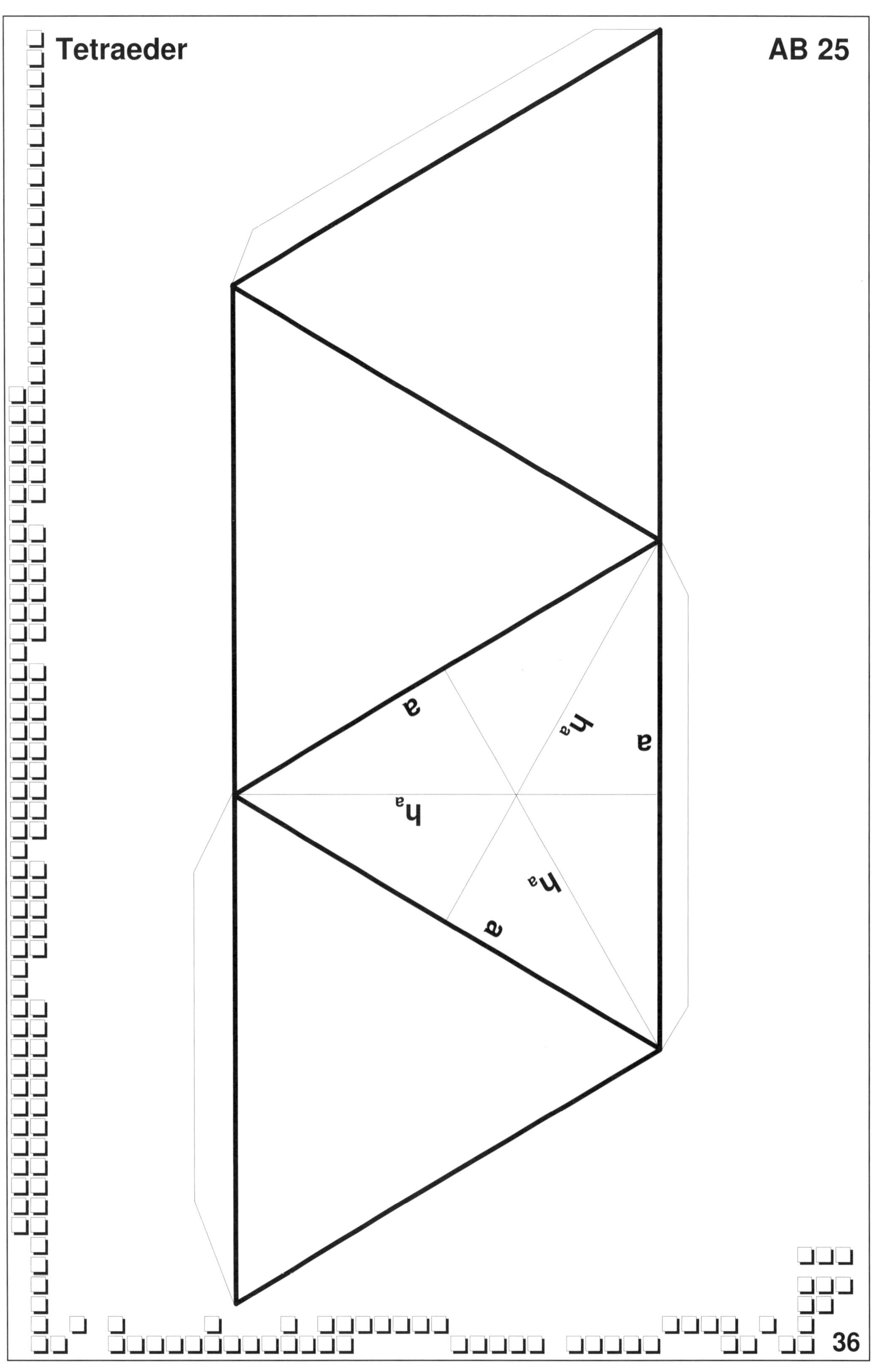
a
h_a
a
h_a
h_a
a

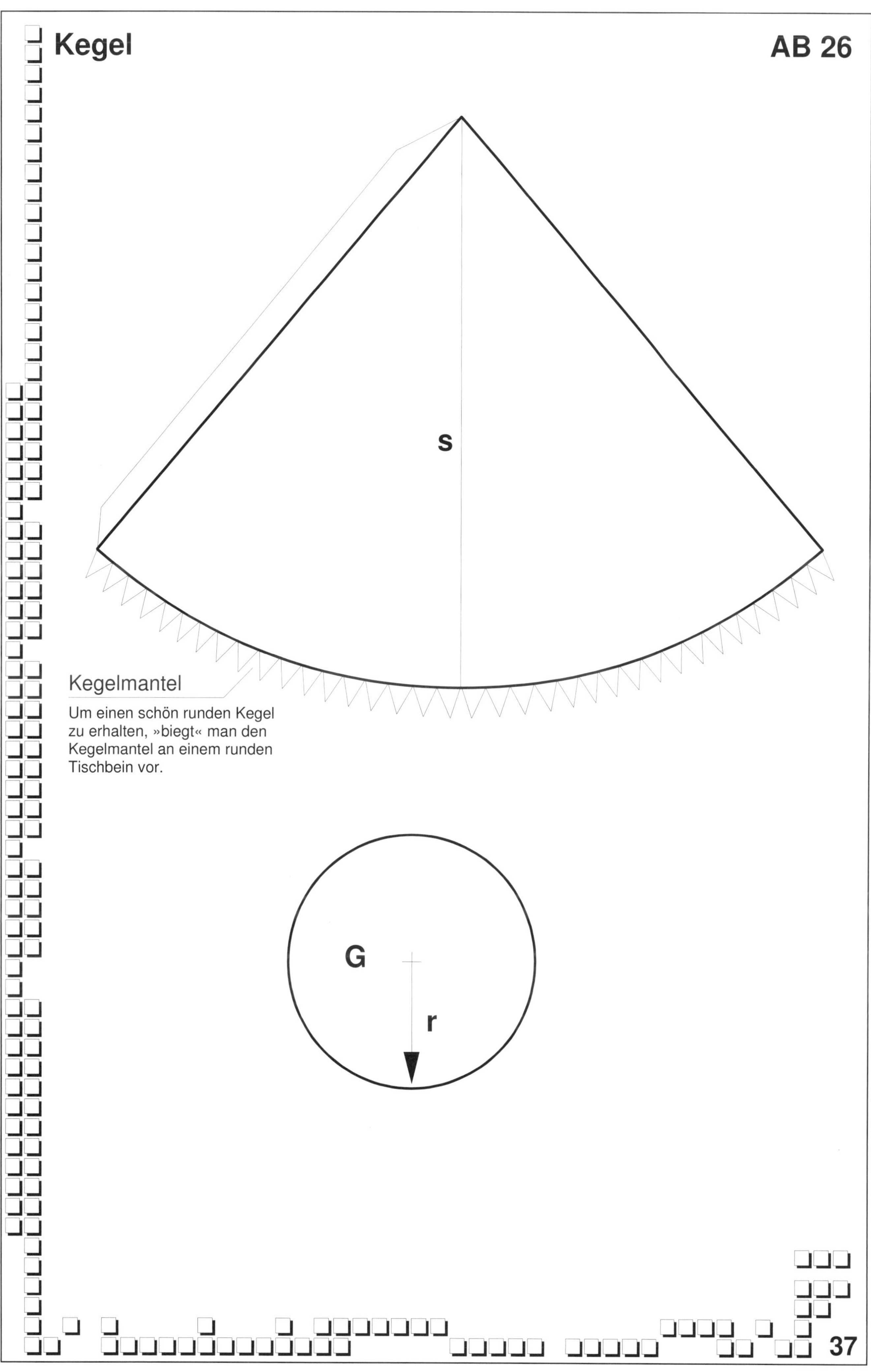

Kegelmantel

Um einen schön runden Kegel
zu erhalten, »biegt« man den
Kegelmantel an einem runden
Tischbein vor.

Kegel
Berechnung der Höhe bzw. der Seitenkante

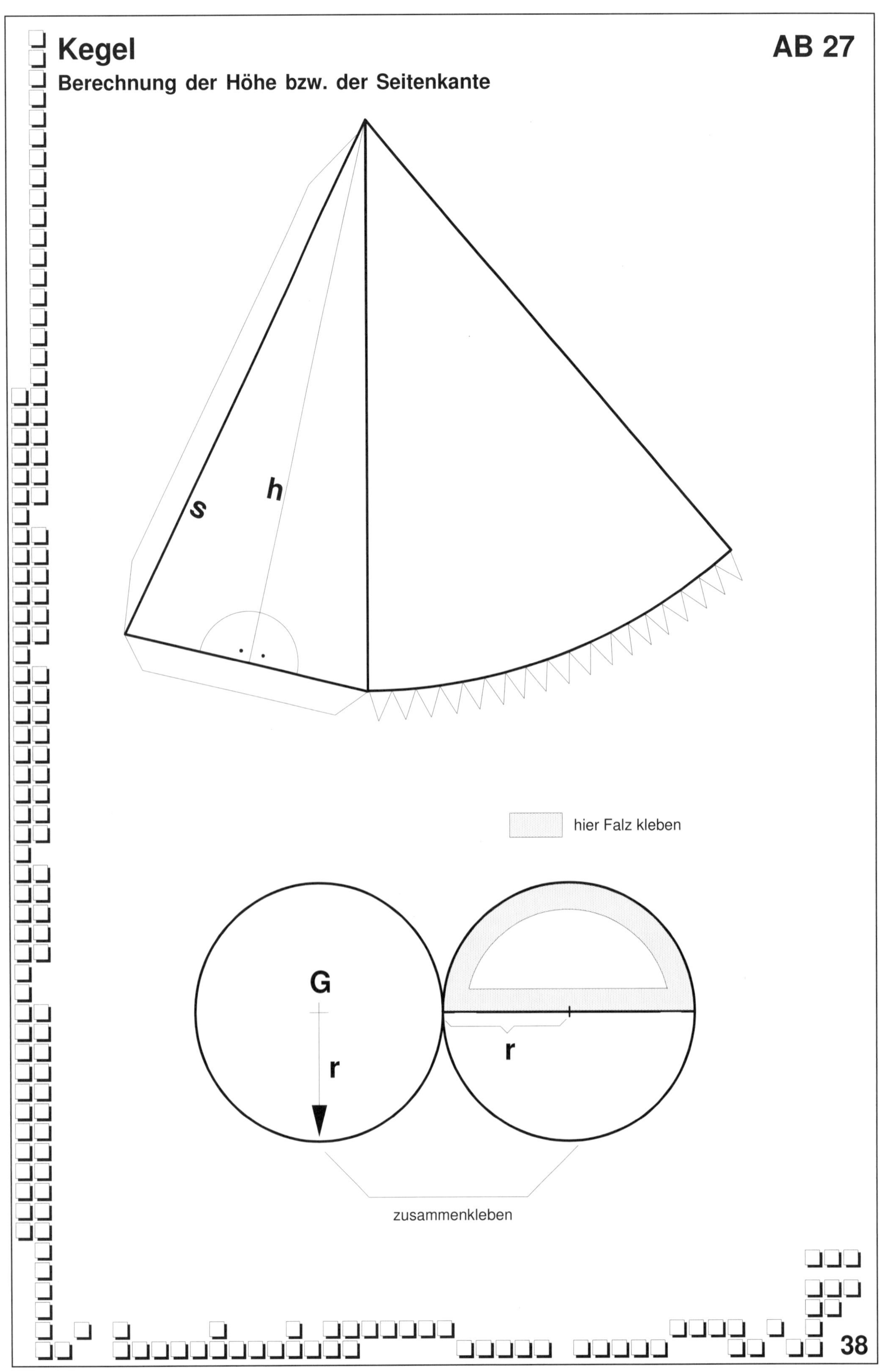

Kegel: Untersuchung **AB 28**

Führe eine Untersuchungsreihe durch. Du sollst feststellen, bei welchem Winkel α sich das größte Volumen für den Kegel ergibt.

Schneide bis zum Mittelpunkt ein und forme dir unterschiedliche Kegel. Benutze eine Büroklammer, um den Kegel »in Form« zu halten.

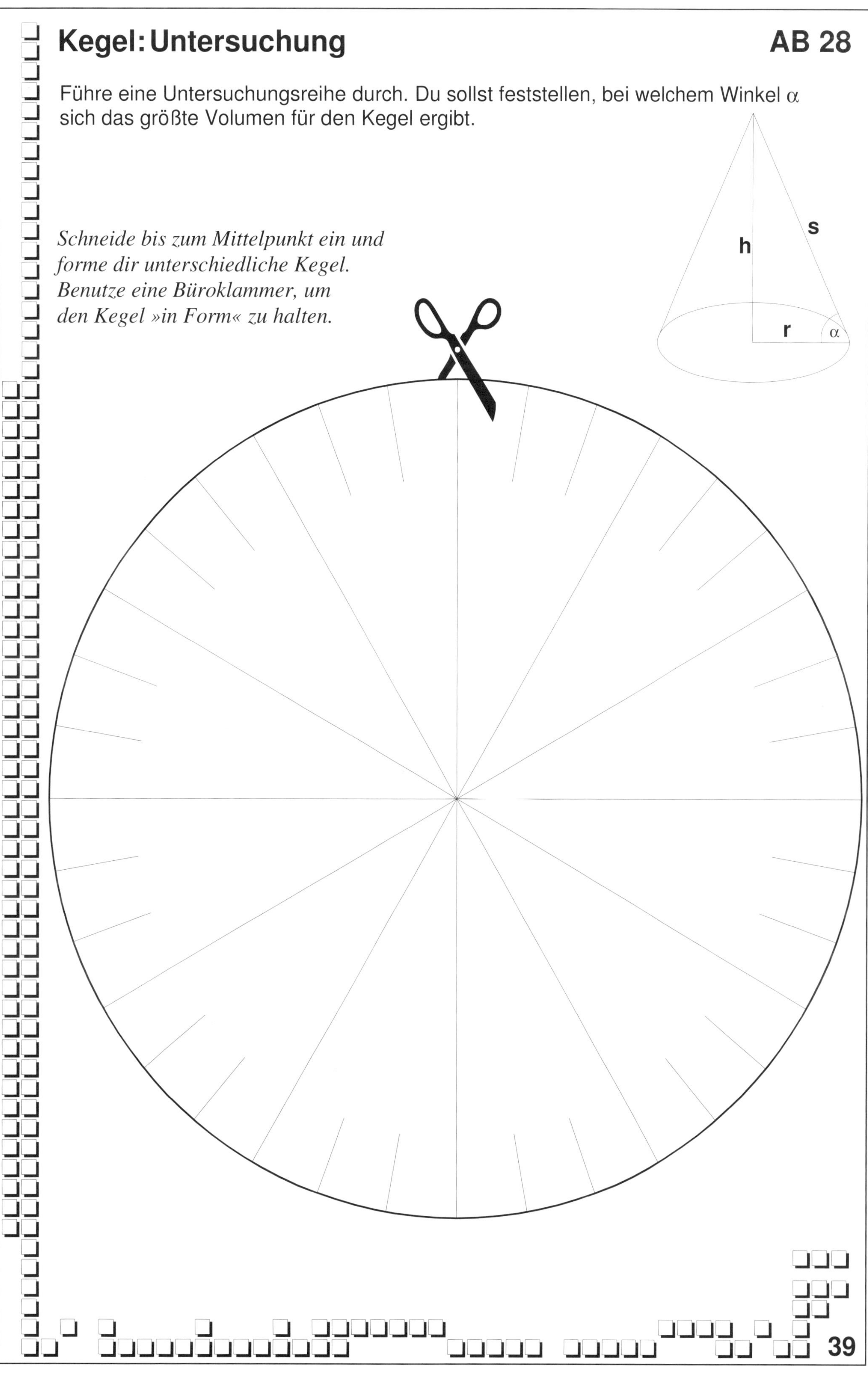

Volumen
Pyramidenstumpf

Herleitung der Formel

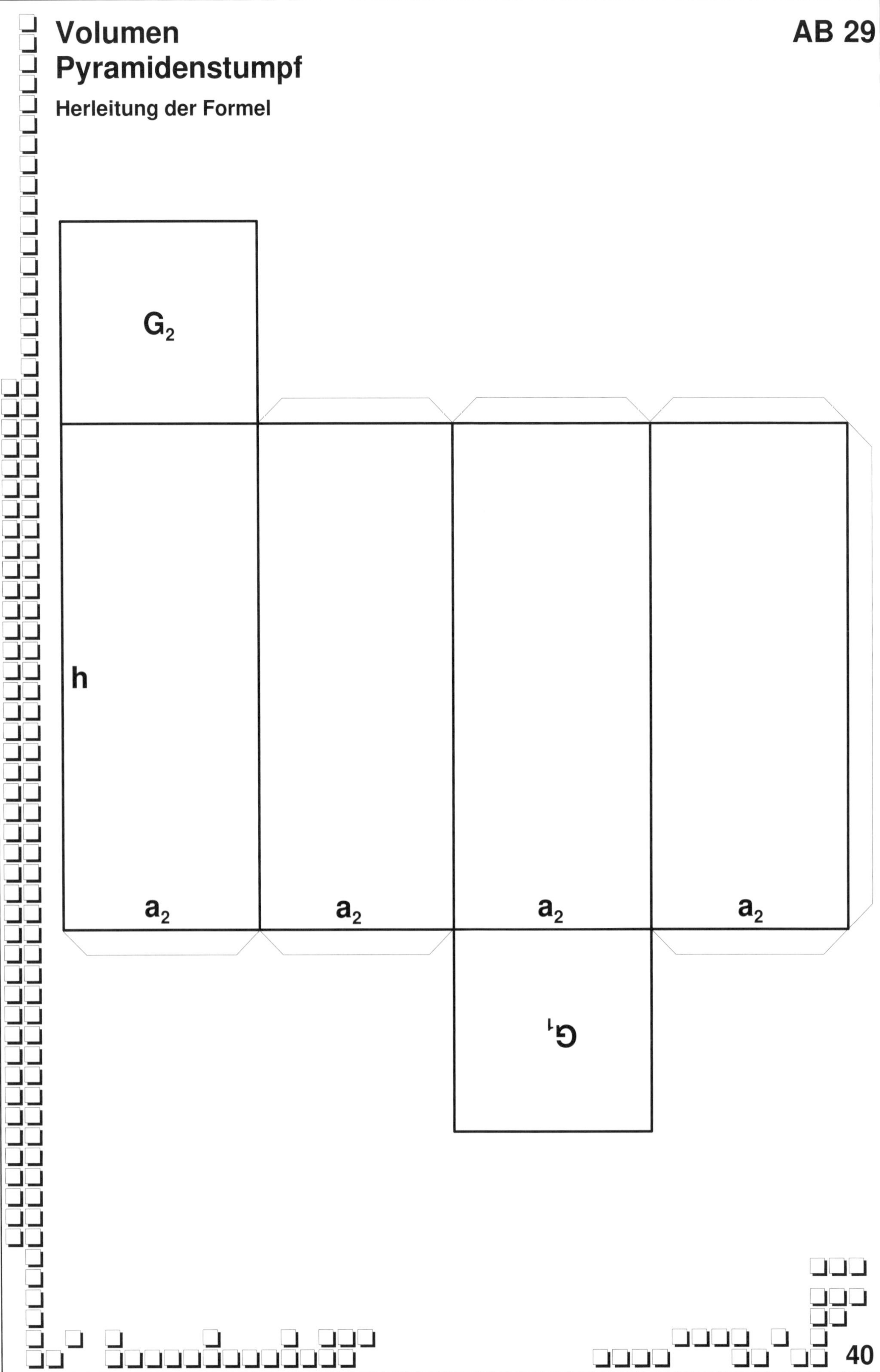

Volumen
Pyramidenstumpf

Herleitung der Formel

2 x kopieren

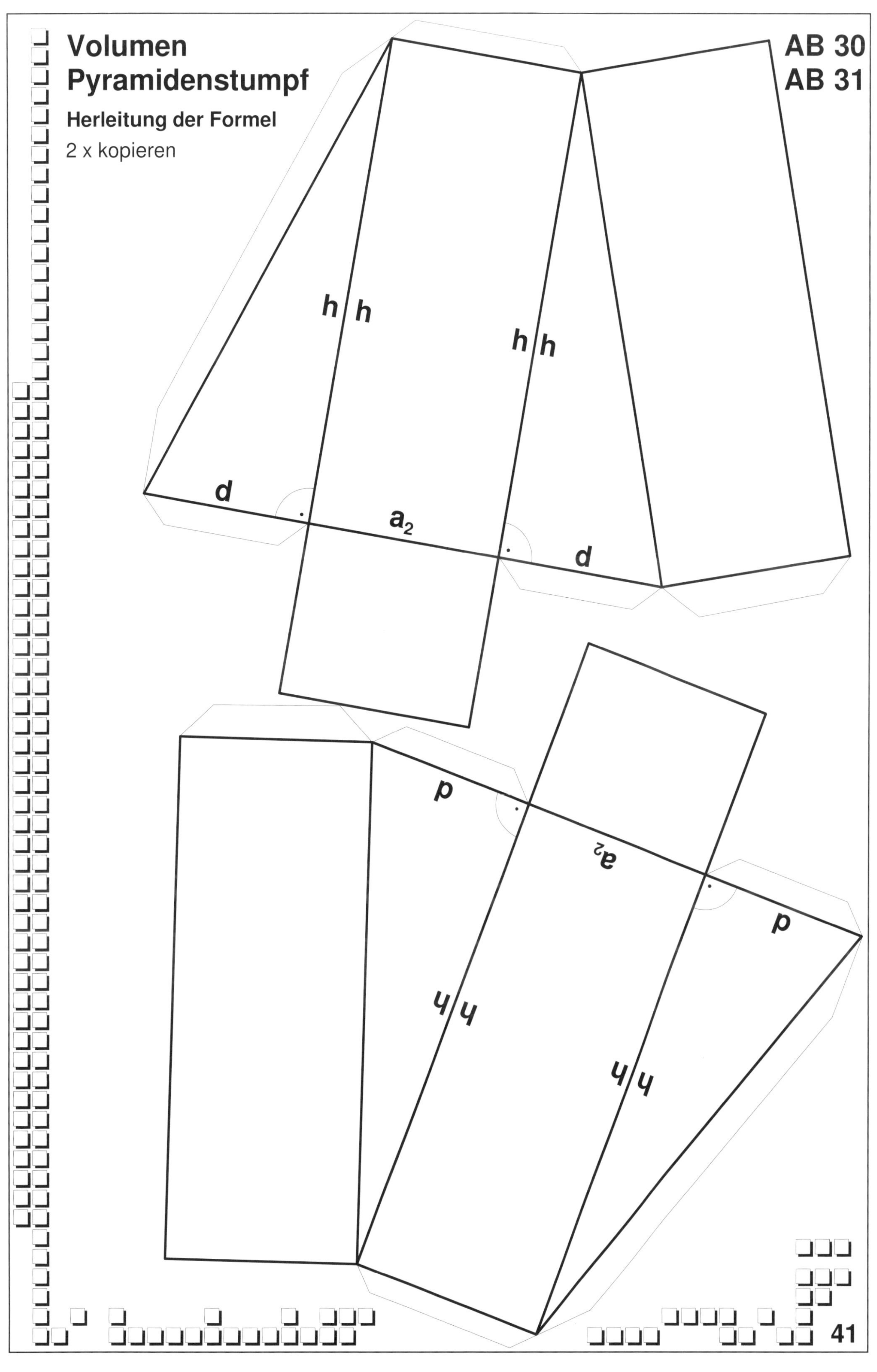

Volumen
Pyramidenstumpf

Herleitung der Formel

2 x kopieren

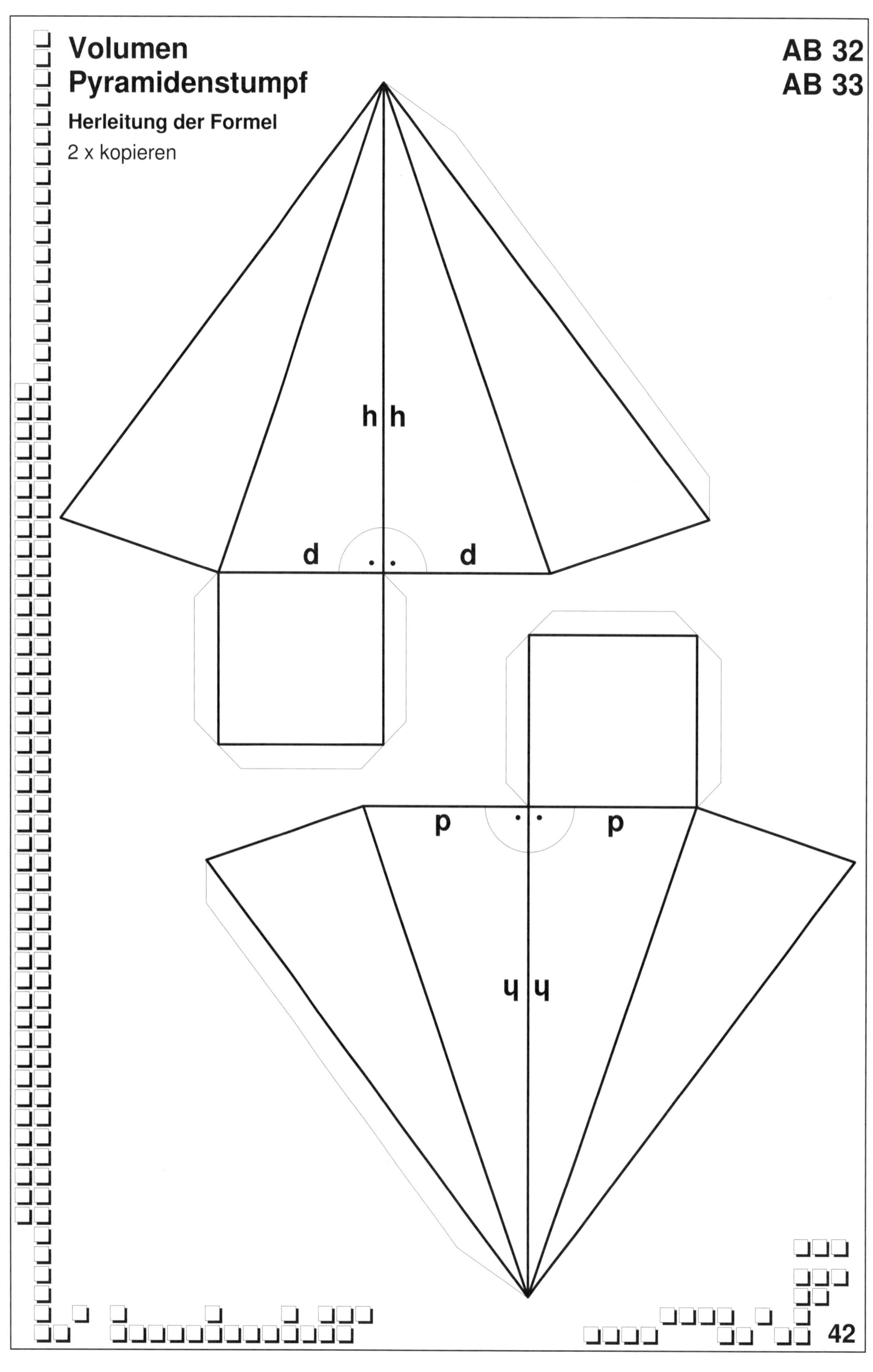

Pyramidenstumpf
quadratische Grund- und Deckfläche

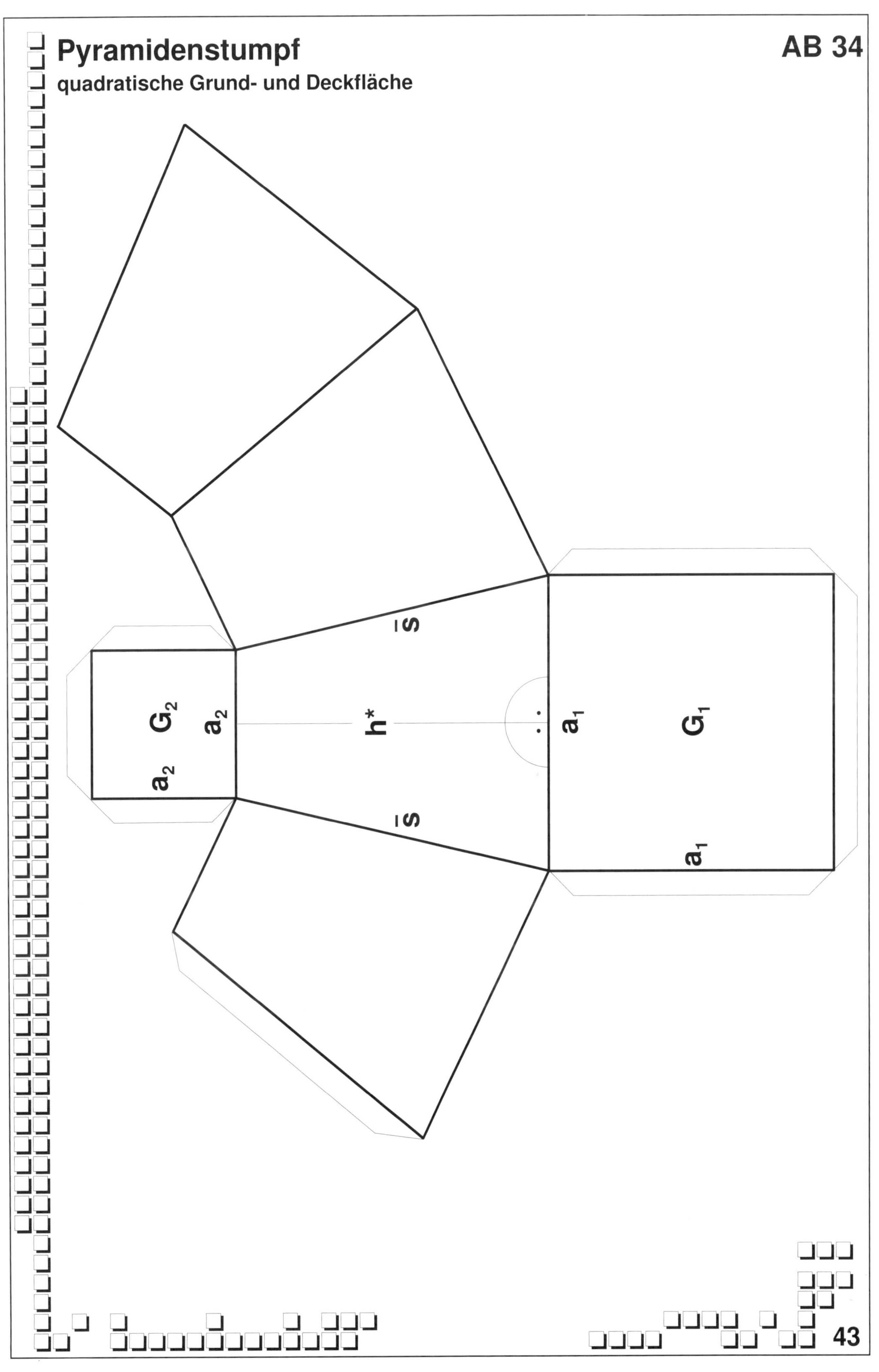

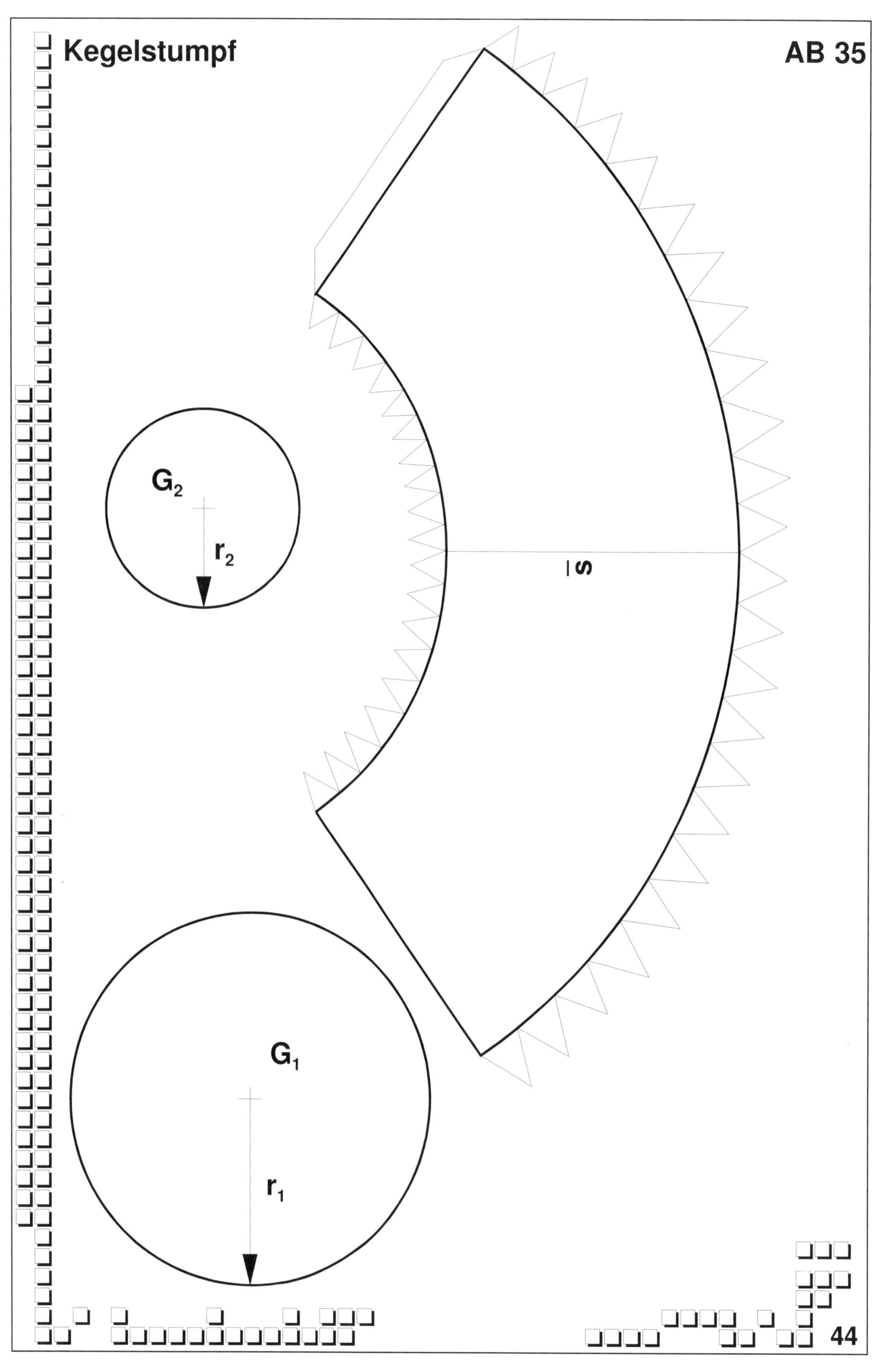
G_2
r_2
G_1
r_1
s

Netz eines Fußballs

Teil 1

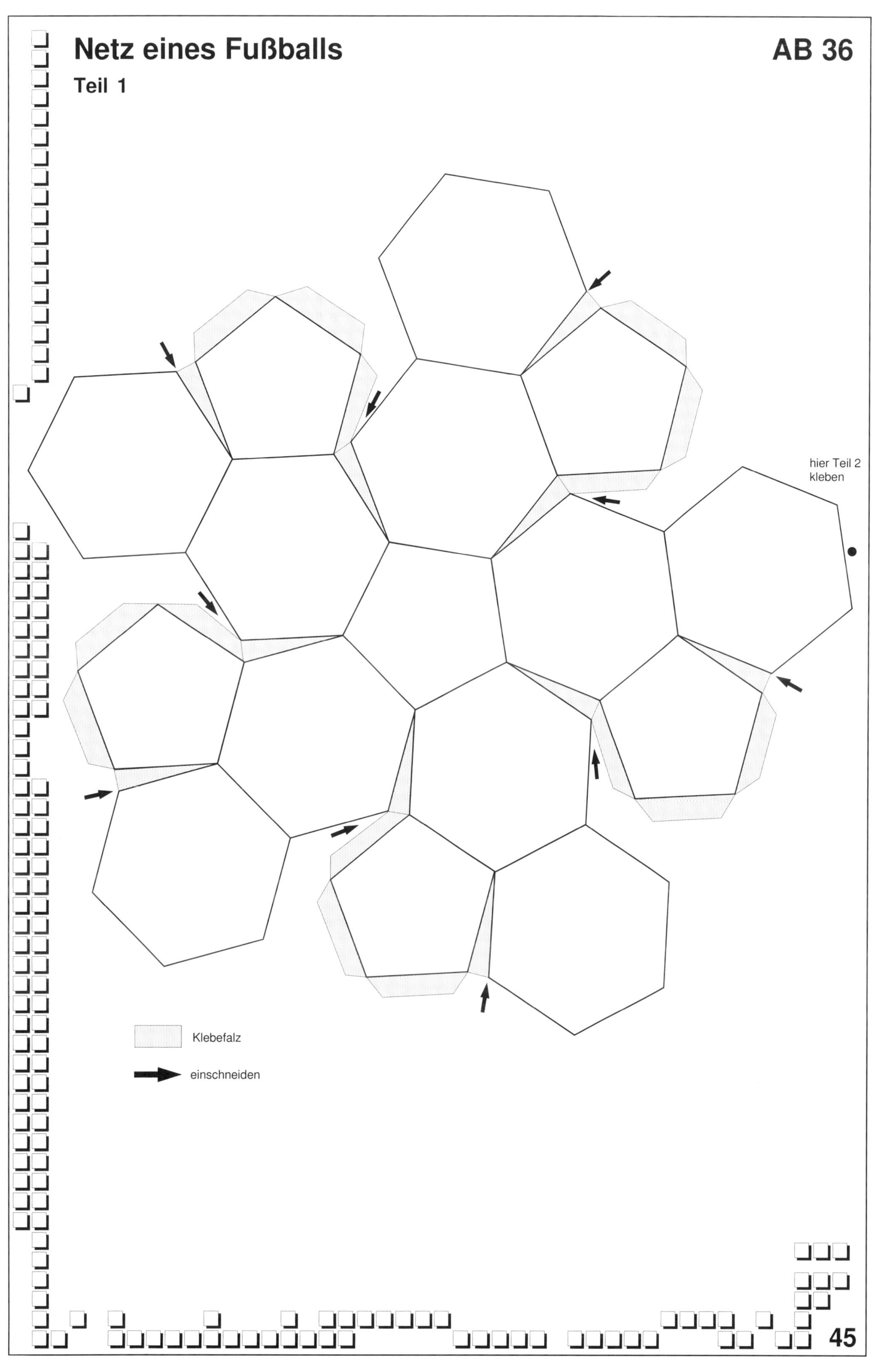

Teil 2

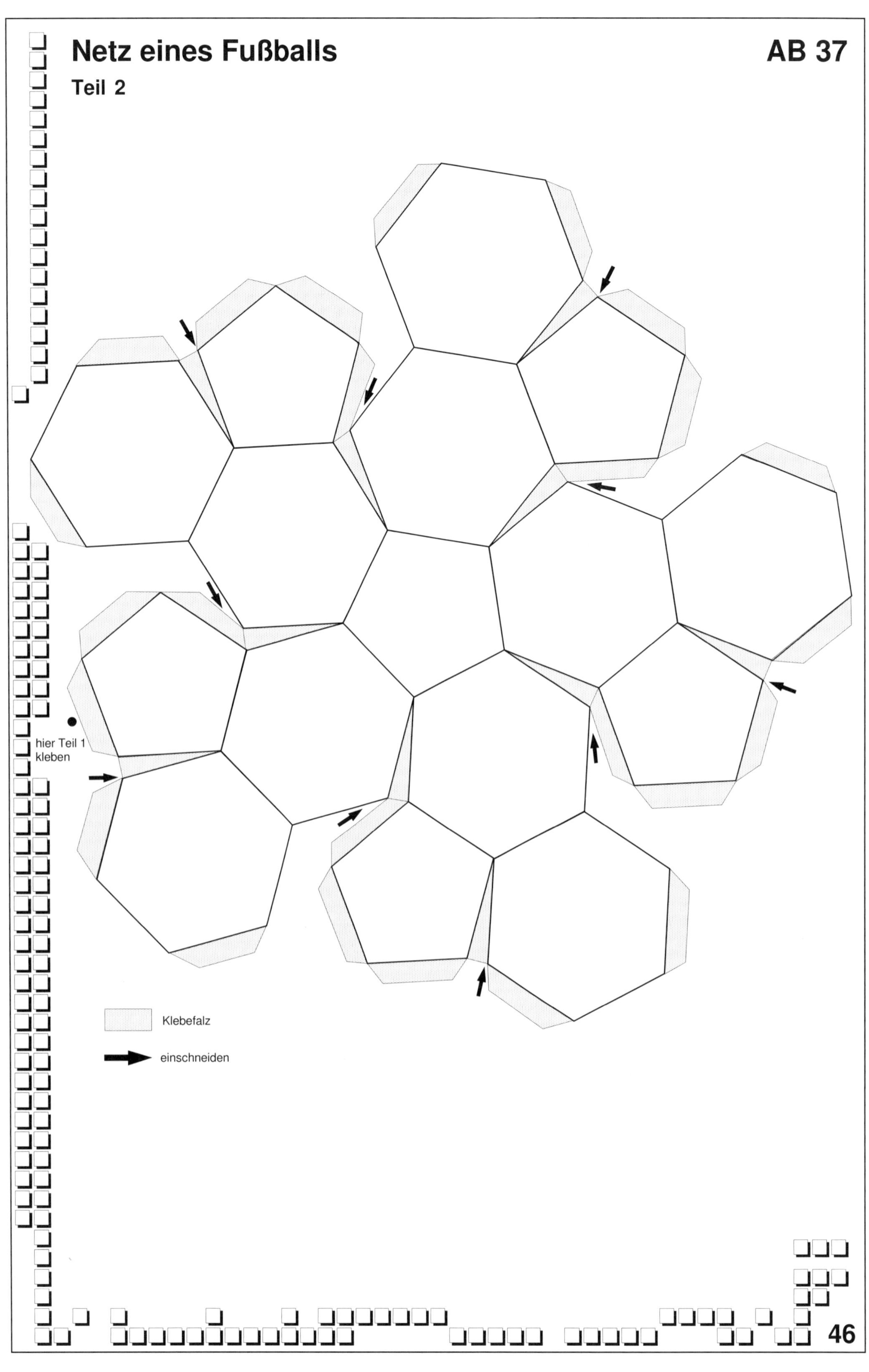

Dodekaeder

Kalender 2010

Teil 1

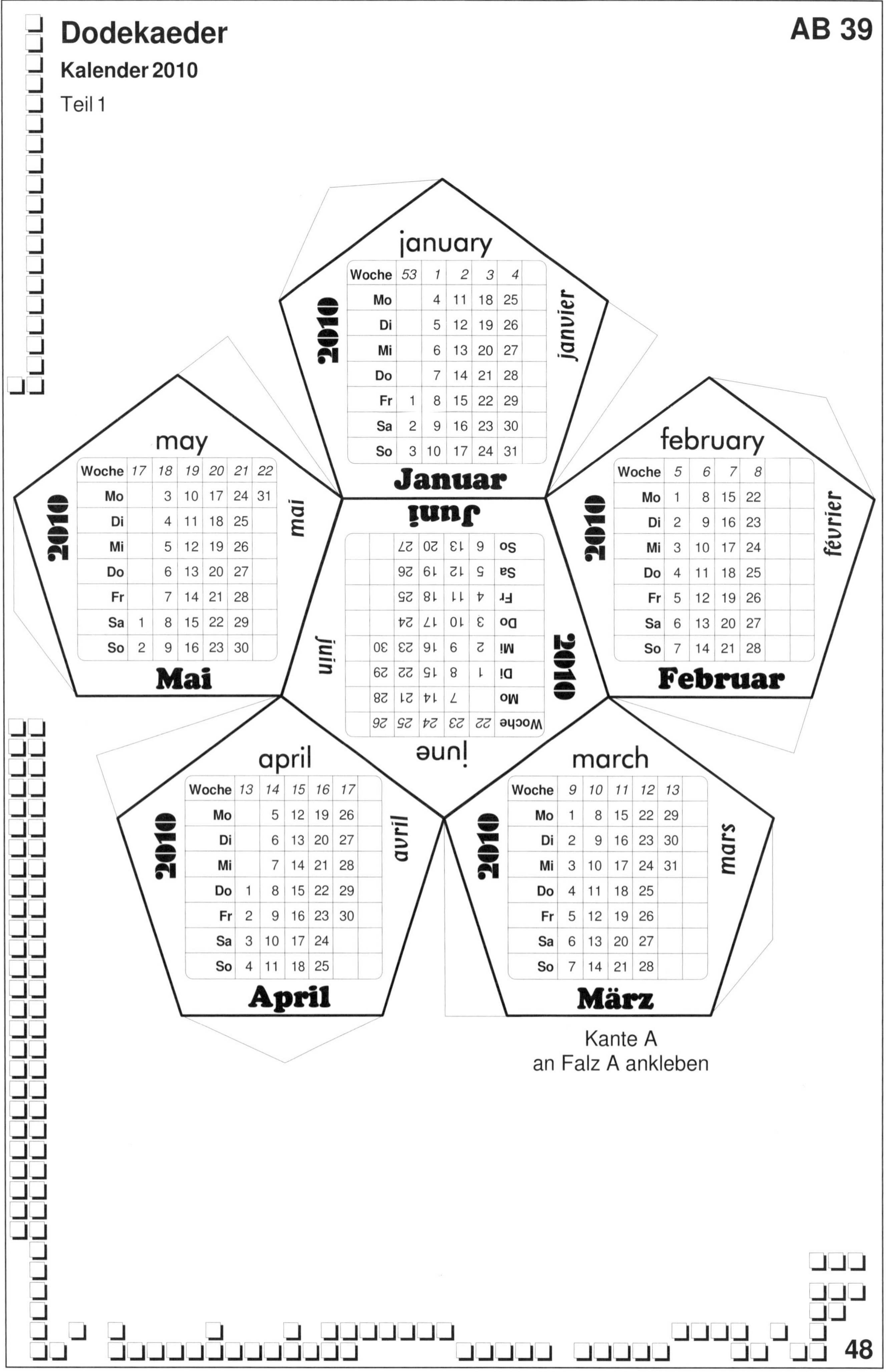

Woche	53	1	2	3	4
Mo		4	11	18	25
Di		5	12	19	26
Mi		6	13	20	27
Do		7	14	21	28
Fr	1	8	15	22	29
Sa	2	9	16	23	30
So	3	10	17	24	31

Woche	5	6	7	8	
Mo	1	8	15	22	
Di	2	9	16	23	
Mi	3	10	17	24	
Do	4	11	18	25	
Fr	5	12	19	26	
Sa	6	13	20	27	
So	7	14	21	28	

Woche	9	10	11	12	13
Mo	1	8	15	22	29
Di	2	9	16	23	30
Mi	3	10	17	24	31
Do	4	11	18	25	
Fr	5	12	19	26	
Sa	6	13	20	27	
So	7	14	21	28	

Woche	13	14	15	16	17
Mo		5	12	19	26
Di		6	13	20	27
Mi		7	14	21	28
Do	1	8	15	22	29
Fr	2	9	16	23	30
Sa	3	10	17	24	
So	4	11	18	25	

Woche	17	18	19	20	21	22
Mo		3	10	17	24	31
Di		4	11	18	25	
Mi		5	12	19	26	
Do		6	13	20	27	
Fr		7	14	21	28	
Sa	1	8	15	22	29	
So	2	9	16	23	30	

Woche	22	23	24	25	26
Mo		7	14	21	28
Di	1	8	15	22	29
Mi	2	9	16	23	30
Do	3	10	17	24	
Fr	4	11	18	25	
Sa	5	12	19	26	
So	6	13	20	27	

Kante A
an Falz A ankleben

Kalender 2010

Teil 2

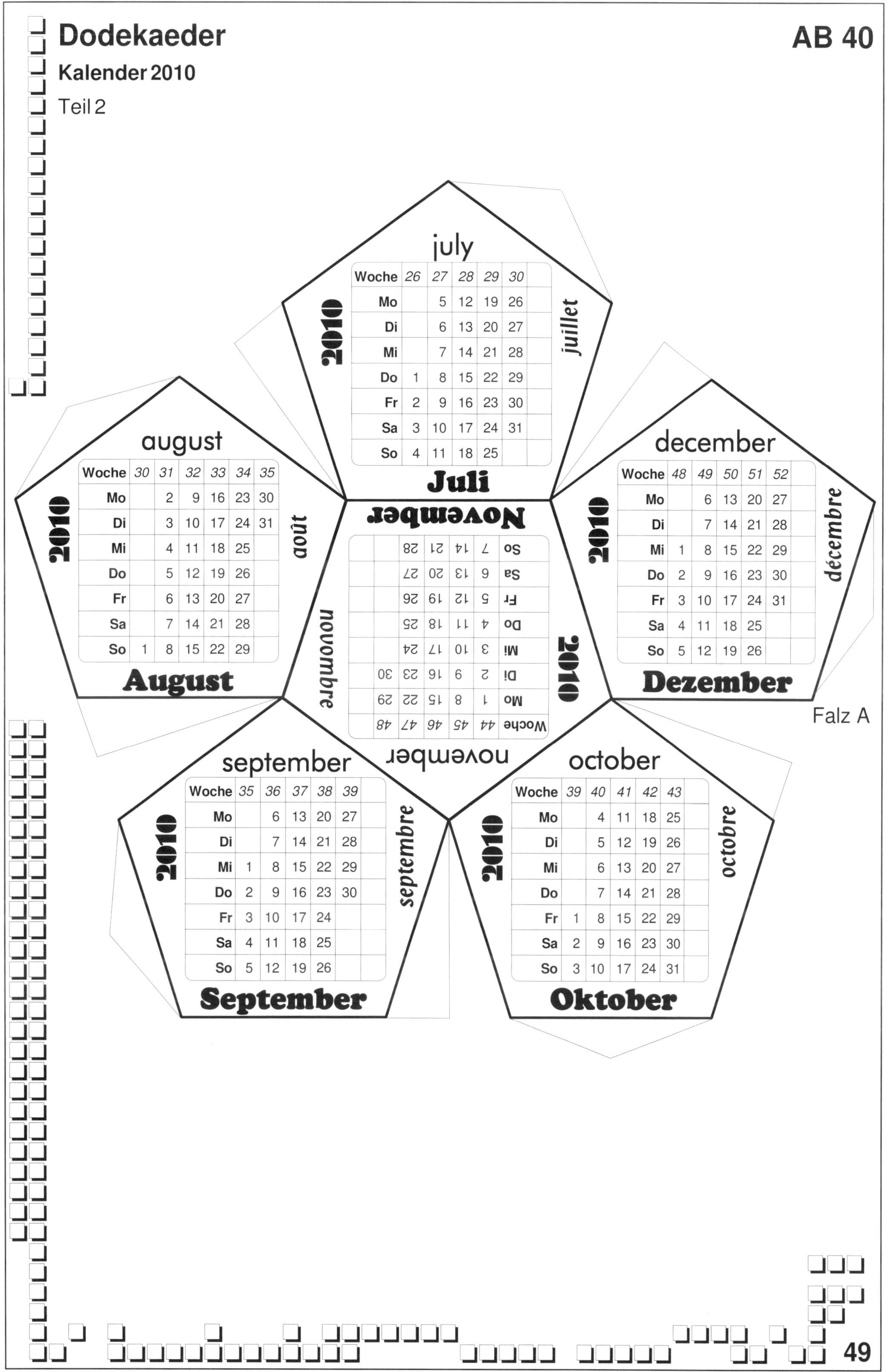

july / Juli / juillet — 2010

Woche	26	27	28	29	30
Mo		5	12	19	26
Di		6	13	20	27
Mi		7	14	21	28
Do	1	8	15	22	29
Fr	2	9	16	23	30
Sa	3	10	17	24	31
So	4	11	18	25	

august / August / août — 2010

Woche	30	31	32	33	34	35
Mo		2	9	16	23	30
Di		3	10	17	24	31
Mi		4	11	18	25	
Do		5	12	19	26	
Fr		6	13	20	27	
Sa		7	14	21	28	
So	1	8	15	22	29	

december / Dezember / décembre — 2010

Woche	48	49	50	51	52
Mo		6	13	20	27
Di		7	14	21	28
Mi	1	8	15	22	29
Do	2	9	16	23	30
Fr	3	10	17	24	31
Sa	4	11	18	25	
So	5	12	19	26	

November / Juli / novembre — 2010

Woche	44	45	46	47	48
Mo	1	8	15	22	29
Di	2	9	16	23	30
Mi	3	10	17	24	
Do	4	11	18	25	
Fr	5	12	19	26	
Sa	6	13	20	27	
So	7	14	21	28	

september / September / septembre — 2010

Woche	35	36	37	38	39
Mo		6	13	20	27
Di		7	14	21	28
Mi	1	8	15	22	29
Do	2	9	16	23	30
Fr	3	10	17	24	
Sa	4	11	18	25	
So	5	12	19	26	

october / Oktober / octobre — 2010

Woche	39	40	41	42	43
Mo		4	11	18	25
Di		5	12	19	26
Mi		6	13	20	27
Do		7	14	21	28
Fr	1	8	15	22	29
Sa	2	9	16	23	30
So	3	10	17	24	31

Falz A

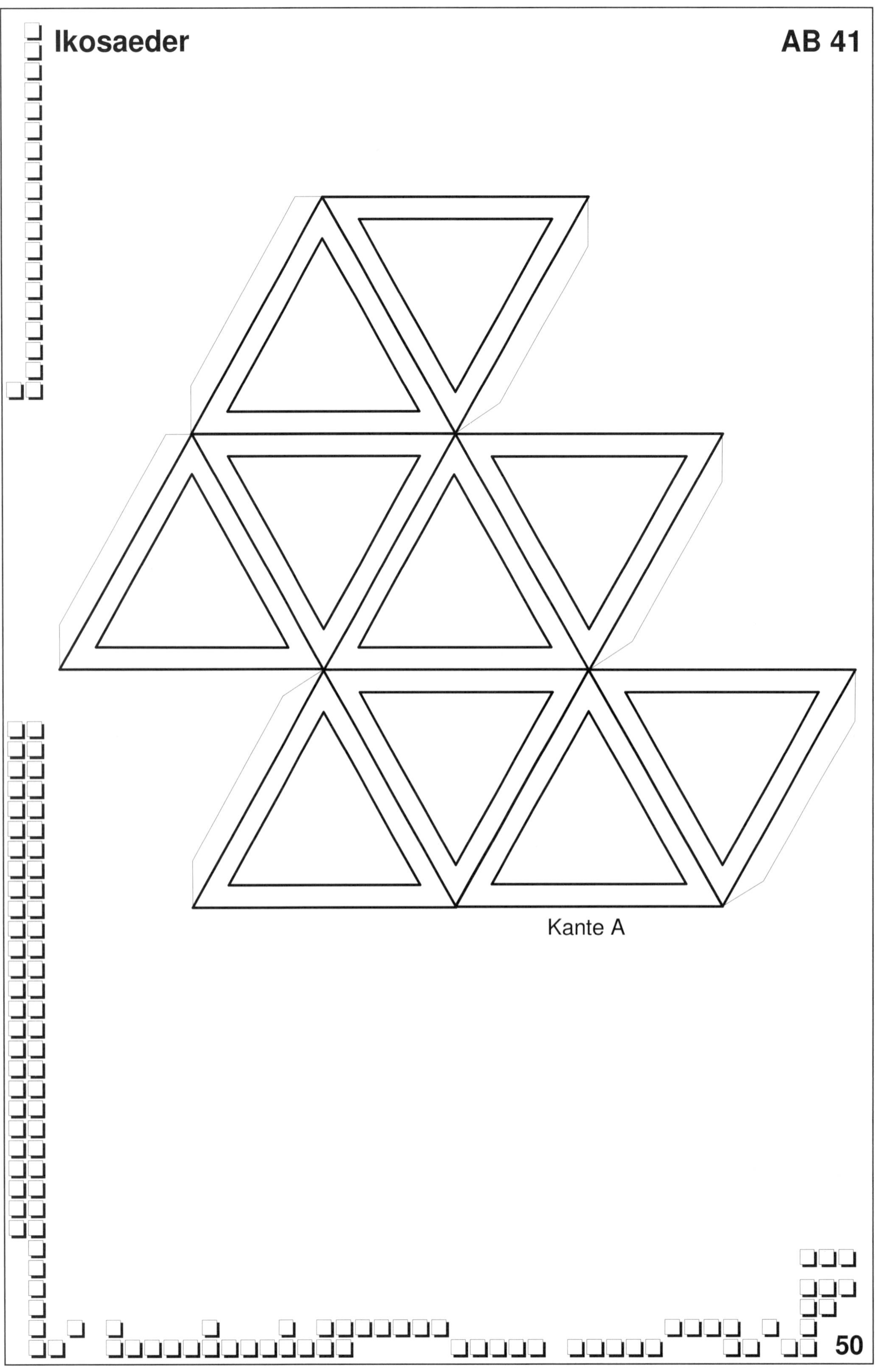
Kante A

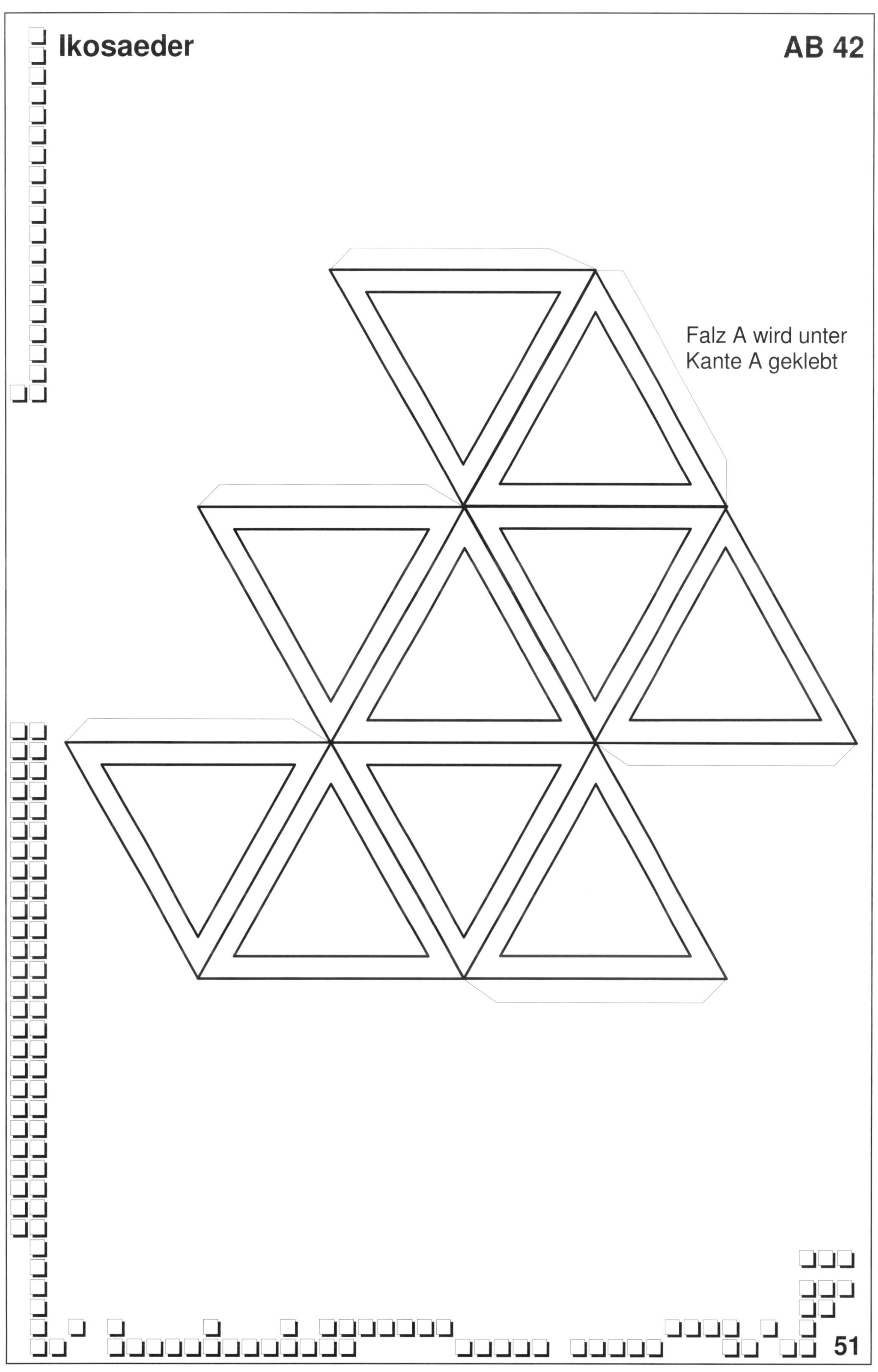
Falz A wird unter
Kante A geklebt

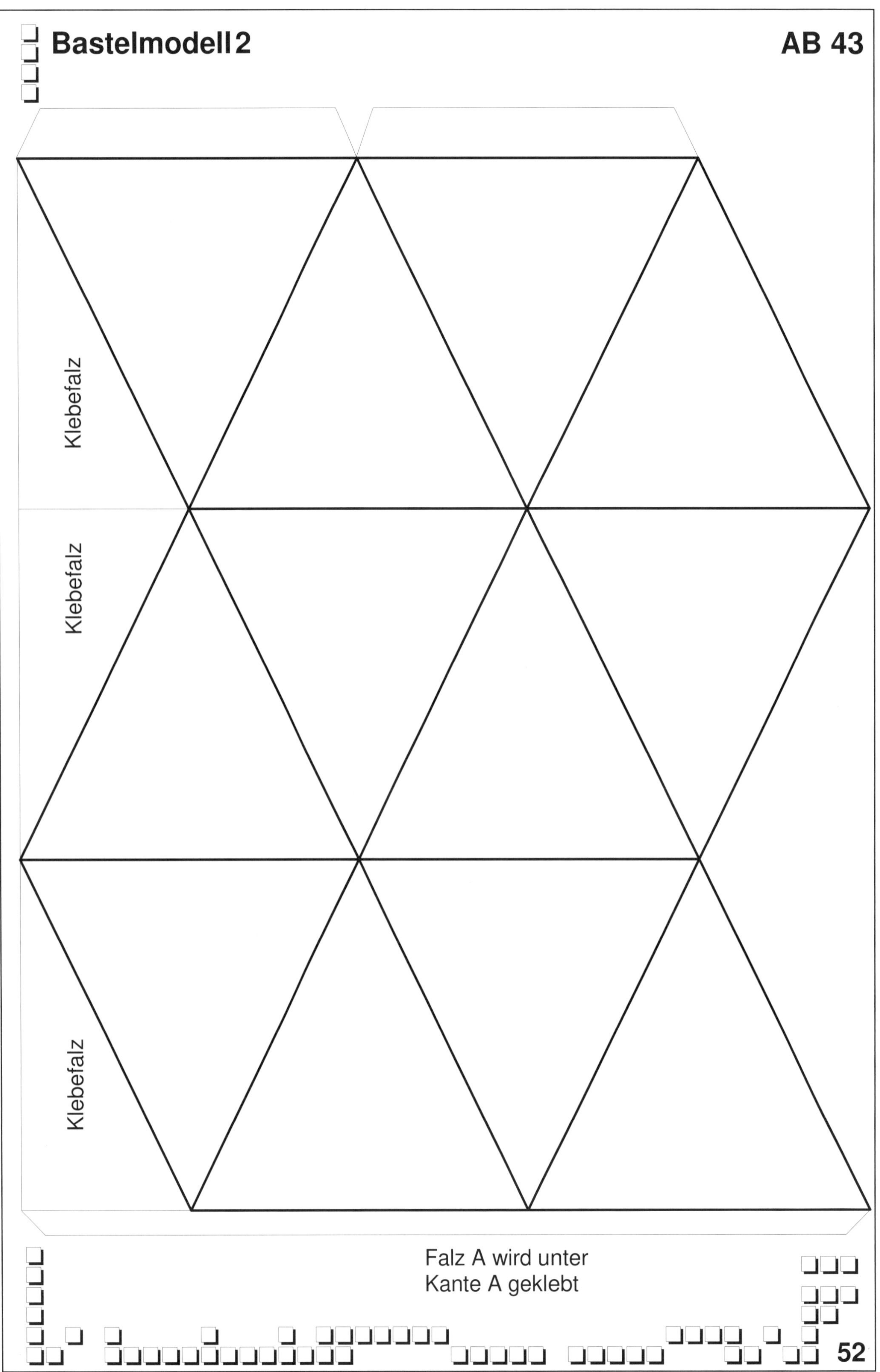
Klebefalz
Klebefalz
Klebefalz
Falz A wird unter
Kante A geklebt

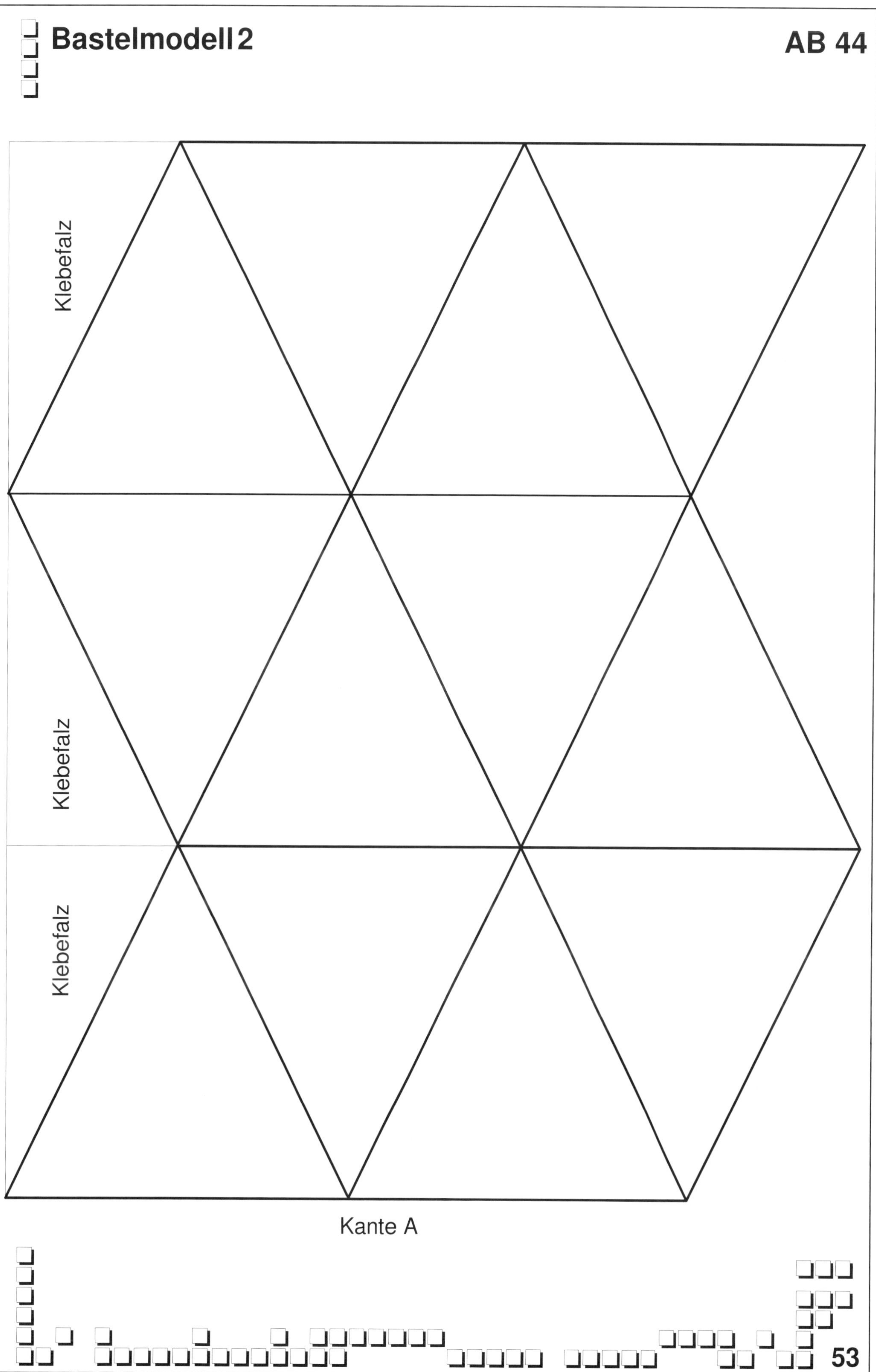

Klebefalz
Klebefalz
Klebefalz
Kante A

Bastelmodell 3

2 x kopieren

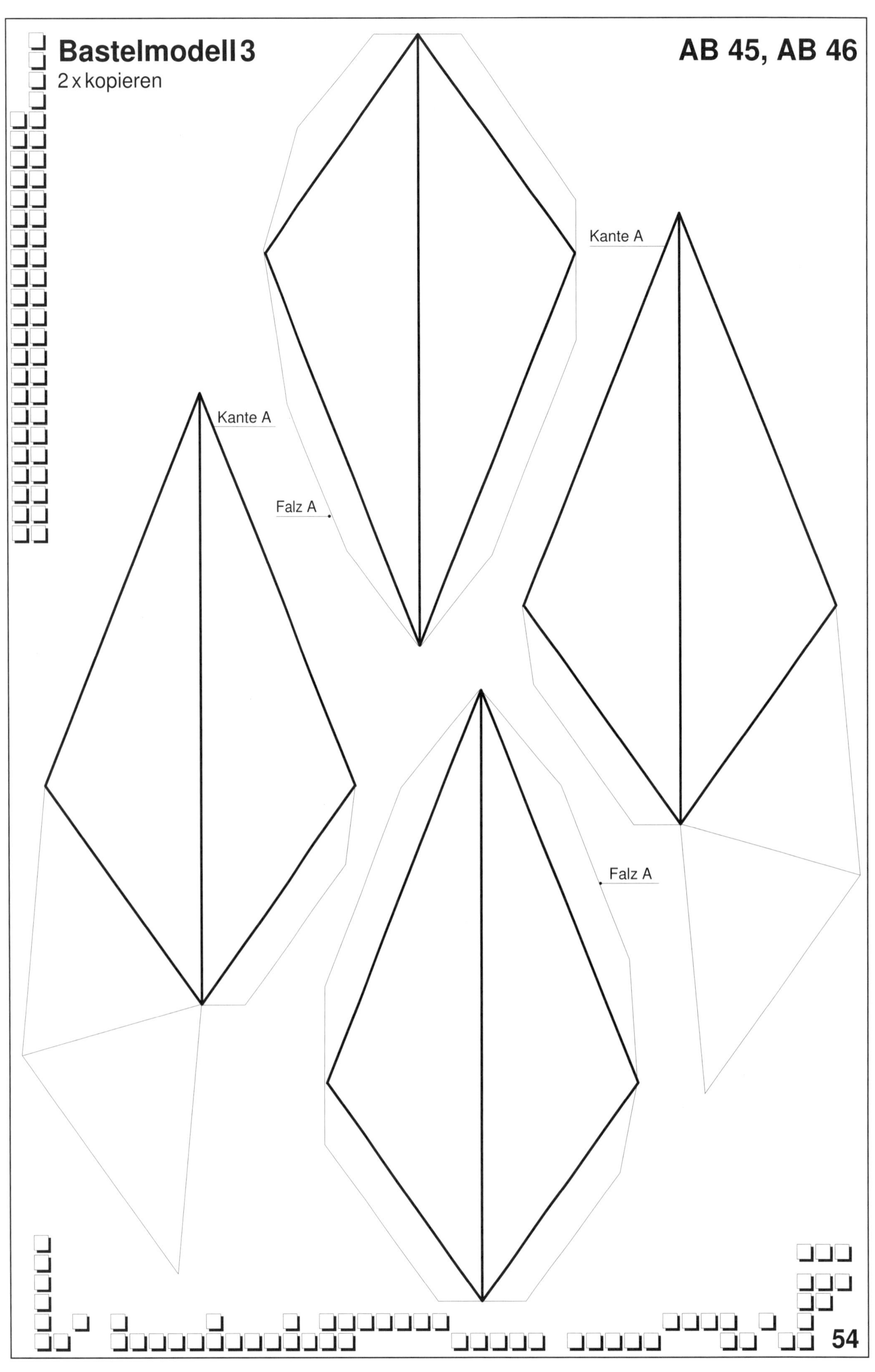

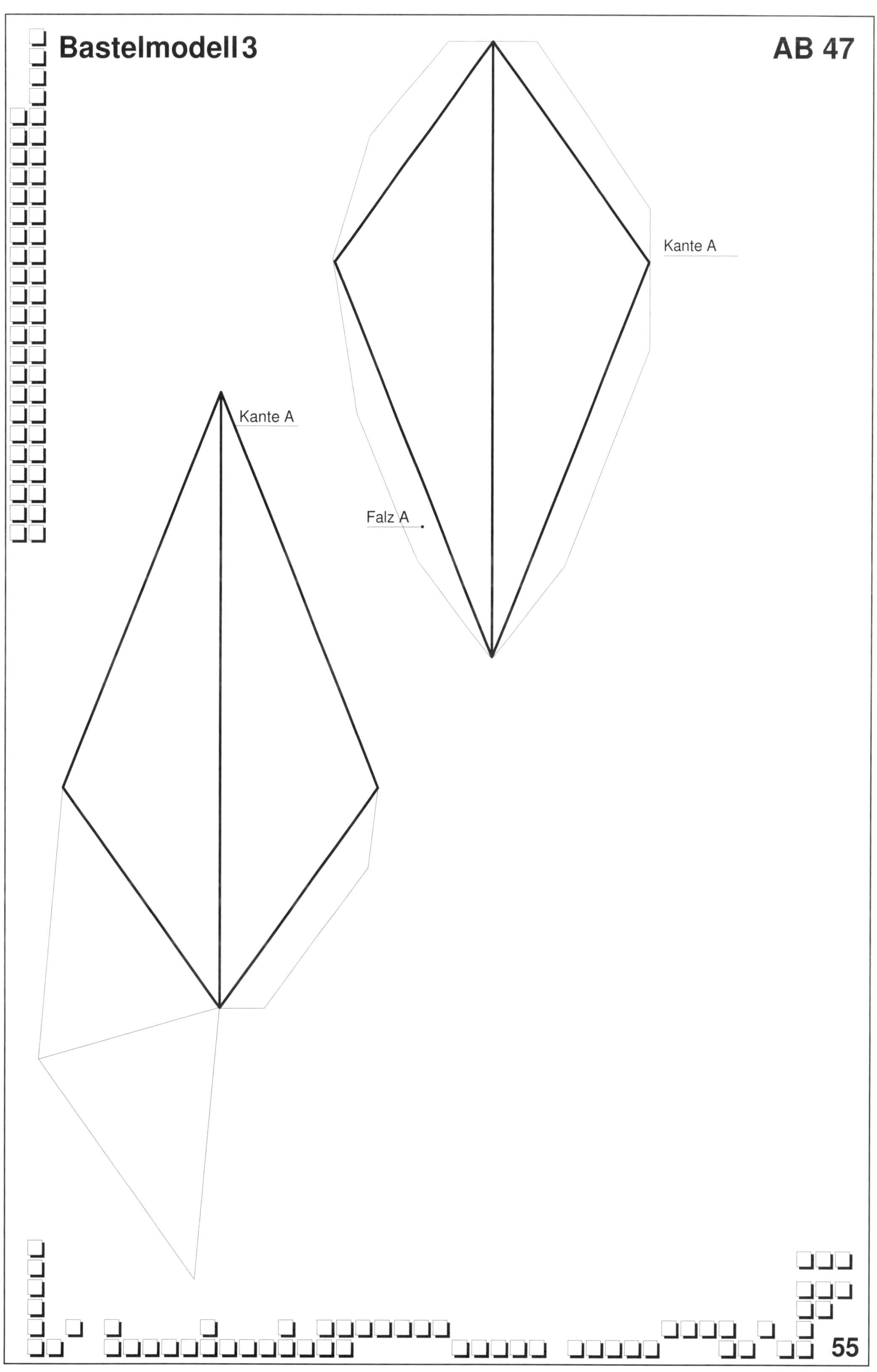
Kante A
Kante A
Falz A

Bastelmodell 4

5 x kopieren

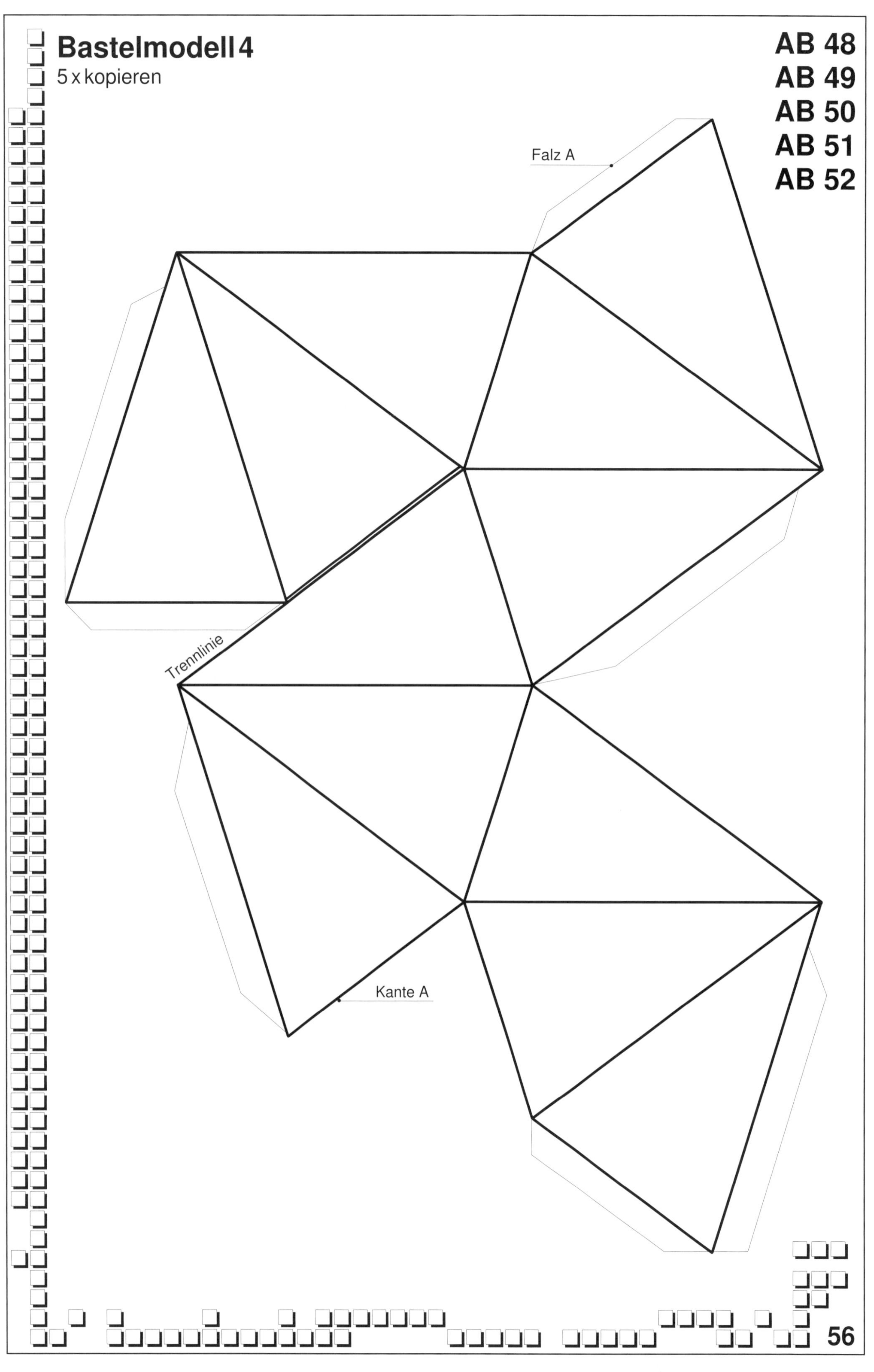

Bastelmodell 5

Kalender 2011

Teil 1

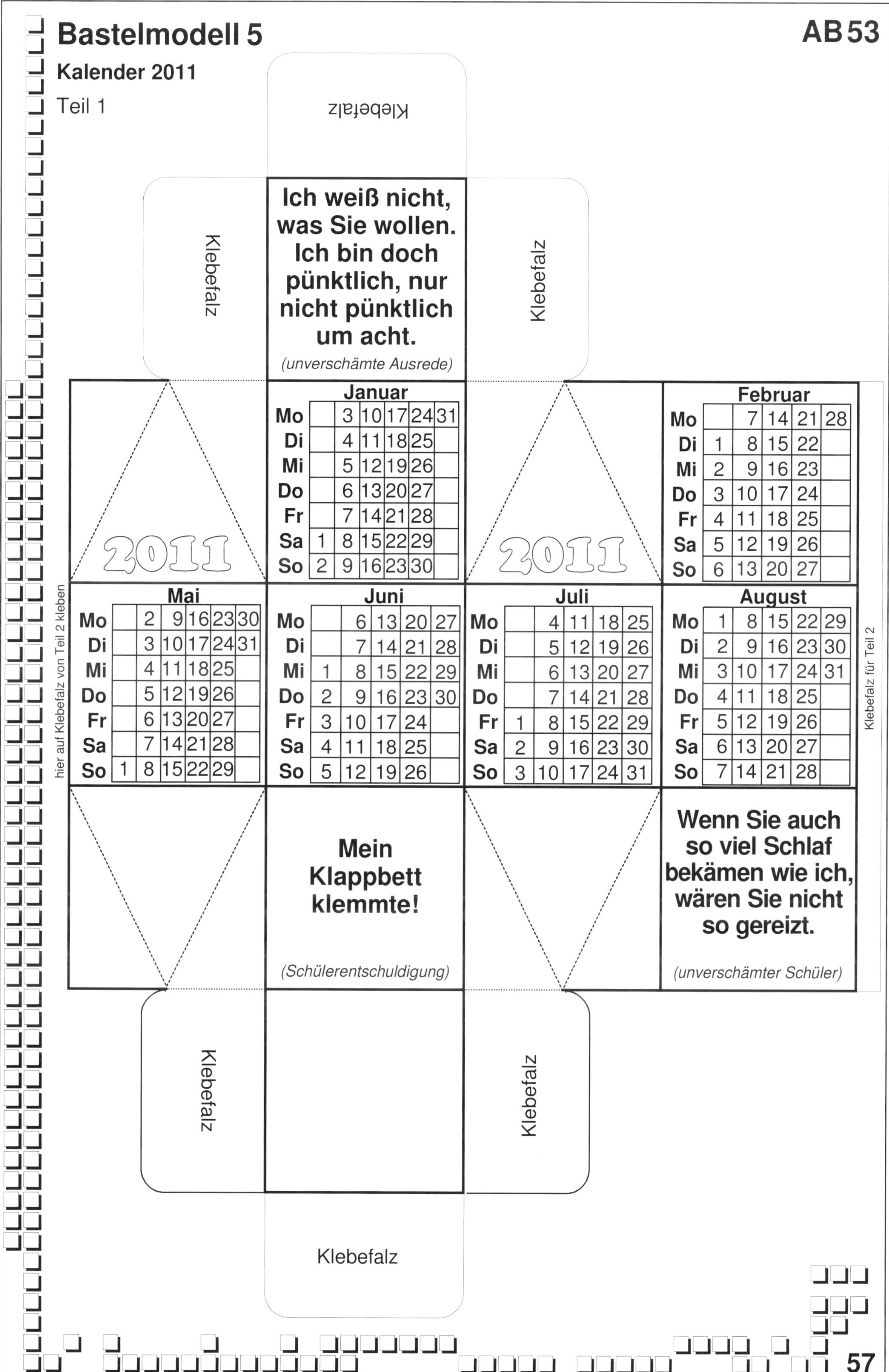

Januar	Mo	3	10	17	24	31
	Di	4	11	18	25	
	Mi	5	12	19	26	
	Do	6	13	20	27	
	Fr	7	14	21	28	
	Sa	1	8	15	22	29
	So	2	9	16	23	30

Februar	Mo		7	14	21	28
	Di	1	8	15	22	
	Mi	2	9	16	23	
	Do	3	10	17	24	
	Fr	4	11	18	25	
	Sa	5	12	19	26	
	So	6	13	20	27	

Mai	Mo	2	9	16	23	30
	Di	3	10	17	24	31
	Mi	4	11	18	25	
	Do	5	12	19	26	
	Fr	6	13	20	27	
	Sa	7	14	21	28	
	So	1	8	15	22	29

Juni	Mo		6	13	20	27
	Di		7	14	21	28
	Mi	1	8	15	22	29
	Do	2	9	16	23	30
	Fr	3	10	17	24	
	Sa	4	11	18	25	
	So	5	12	19	26	

Juli	Mo		4	11	18	25
	Di		5	12	19	26
	Mi		6	13	20	27
	Do		7	14	21	28
	Fr	1	8	15	22	29
	Sa	2	9	16	23	30
	So	3	10	17	24	31

August	Mo	1	8	15	22	29
	Di	2	9	16	23	30
	Mi	3	10	17	24	31
	Do	4	11	18	25	
	Fr	5	12	19	26	
	Sa	6	13	20	27	
	So	7	14	21	28	

Bastelmodell 5

Kalender 2011

Teil 2

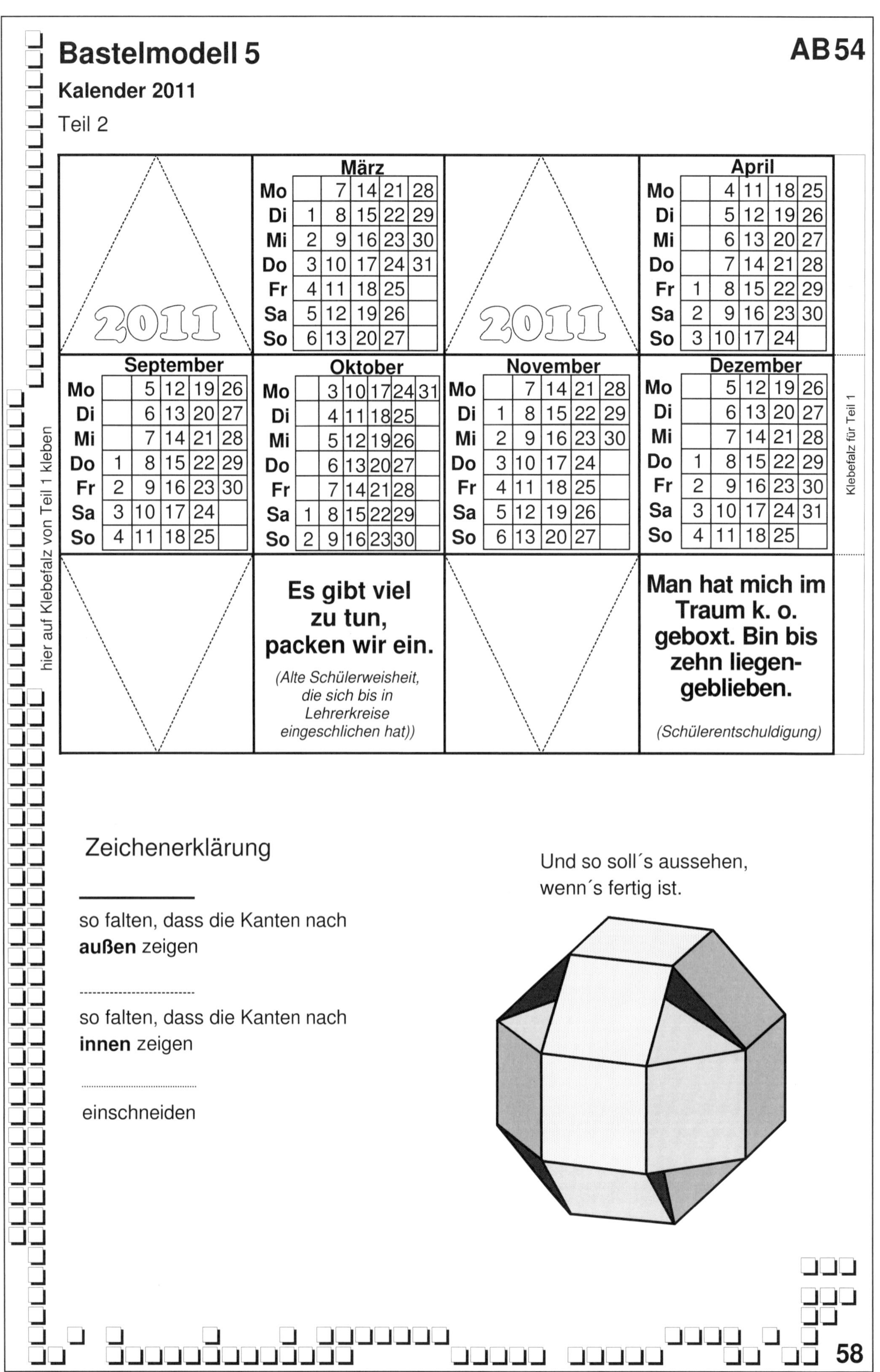

März				
Mo		7	14	21	28
Di	1	8	15	22	29
Mi	2	9	16	23	30
Do	3	10	17	24	31
Fr	4	11	18	25	
Sa	5	12	19	26	
So	6	13	20	27	

April				
Mo		4	11	18	25
Di		5	12	19	26
Mi		6	13	20	27
Do		7	14	21	28
Fr	1	8	15	22	29
Sa	2	9	16	23	30
So	3	10	17	24	

September				
Mo		5	12	19	26
Di		6	13	20	27
Mi		7	14	21	28
Do	1	8	15	22	29
Fr	2	9	16	23	30
Sa	3	10	17	24	
So	4	11	18	25	

Oktober				
Mo		3	10	17	24	31
Di		4	11	18	25	
Mi		5	12	19	26	
Do		6	13	20	27	
Fr		7	14	21	28	
Sa	1	8	15	22	29	
So	2	9	16	23	30	

November				
Mo		7	14	21	28
Di	1	8	15	22	29
Mi	2	9	16	23	30
Do	3	10	17	24	
Fr	4	11	18	25	
Sa	5	12	19	26	
So	6	13	20	27	

Dezember				
Mo		5	12	19	26
Di		6	13	20	27
Mi		7	14	21	28
Do	1	8	15	22	29
Fr	2	9	16	23	30
Sa	3	10	17	24	31
So	4	11	18	25	

Es gibt viel zu tun, packen wir ein.

(Alte Schülerweisheit, die sich bis in Lehrerkreise eingeschlichen hat))

Man hat mich im Traum k. o. geboxt. Bin bis zehn liegengeblieben.

(Schülerentschuldigung)

Zeichenerklärung

―――――――

so falten, dass die Kanten nach **außen** zeigen

- - - - - - - - - - - -

so falten, dass die Kanten nach **innen** zeigen

· · · · · · · · · · · ·

einschneiden

Und so soll´s aussehen, wenn´s fertig ist.

Koordinatensystem mit Folie bekleben oder laminieren und mit wasserlöslichen Stiften beschriften

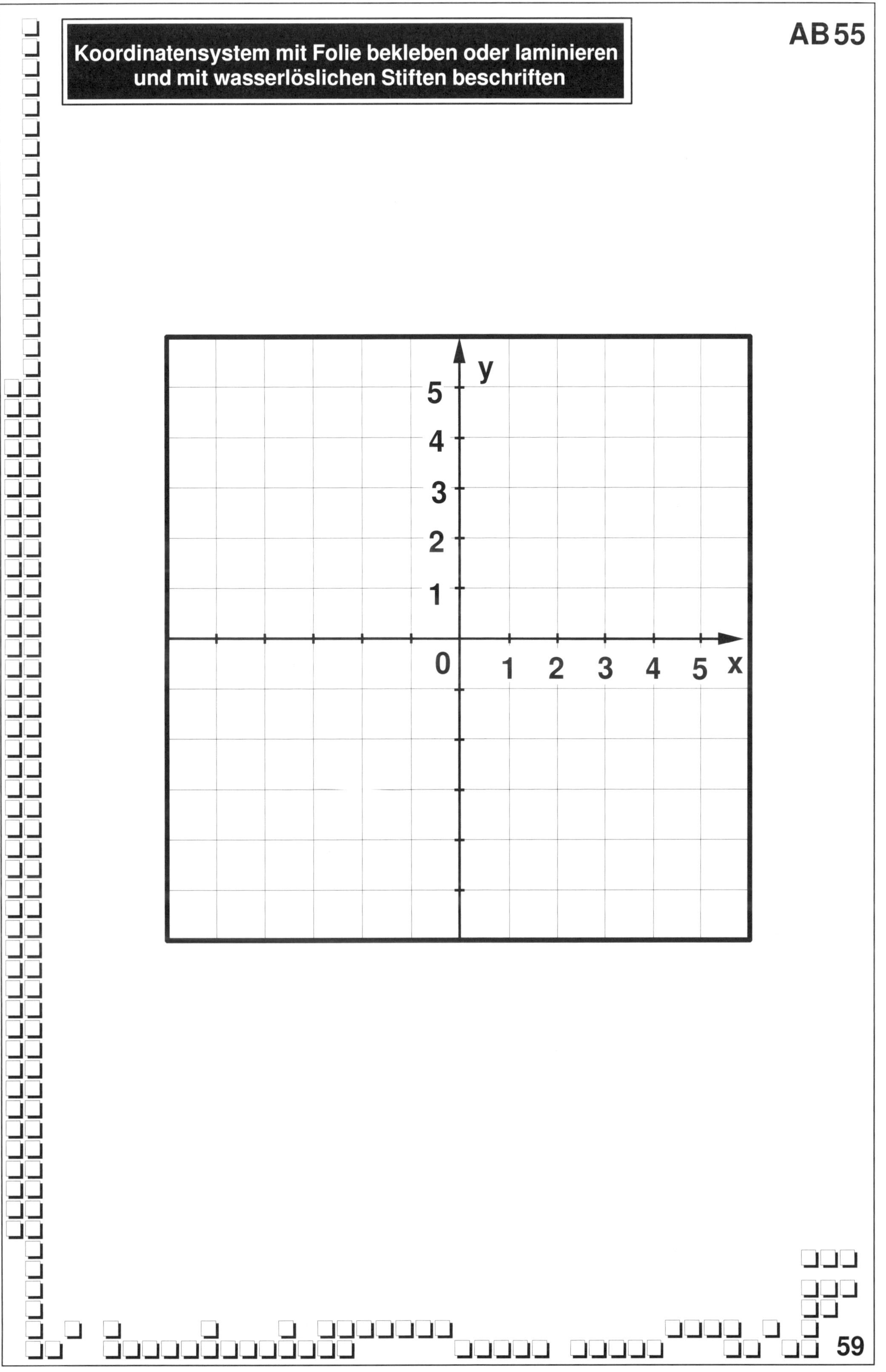

Koordinatensysteme mit Folie bekleben oder laminieren und mit wasserlöslichen Stiften beschriften

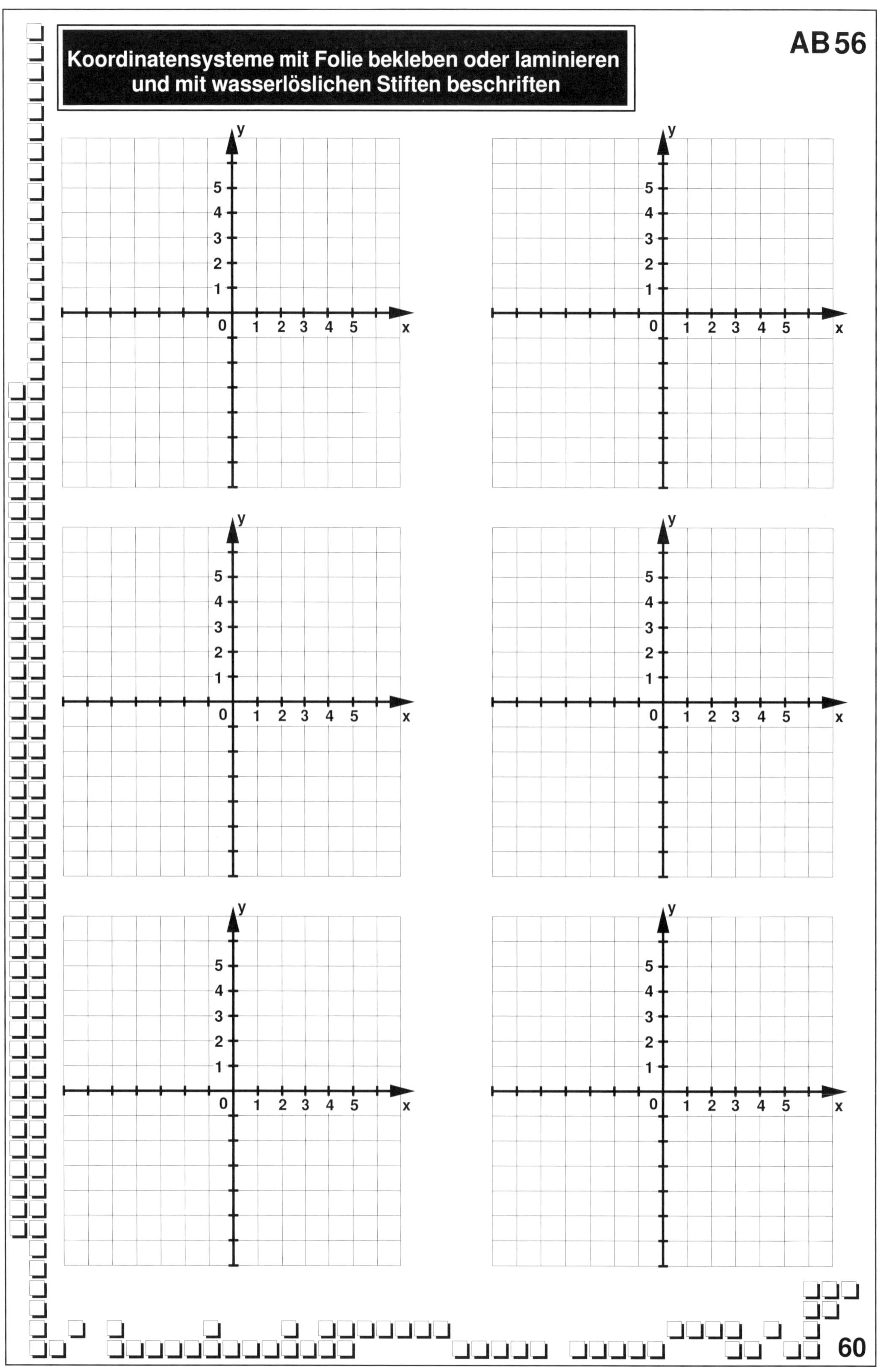

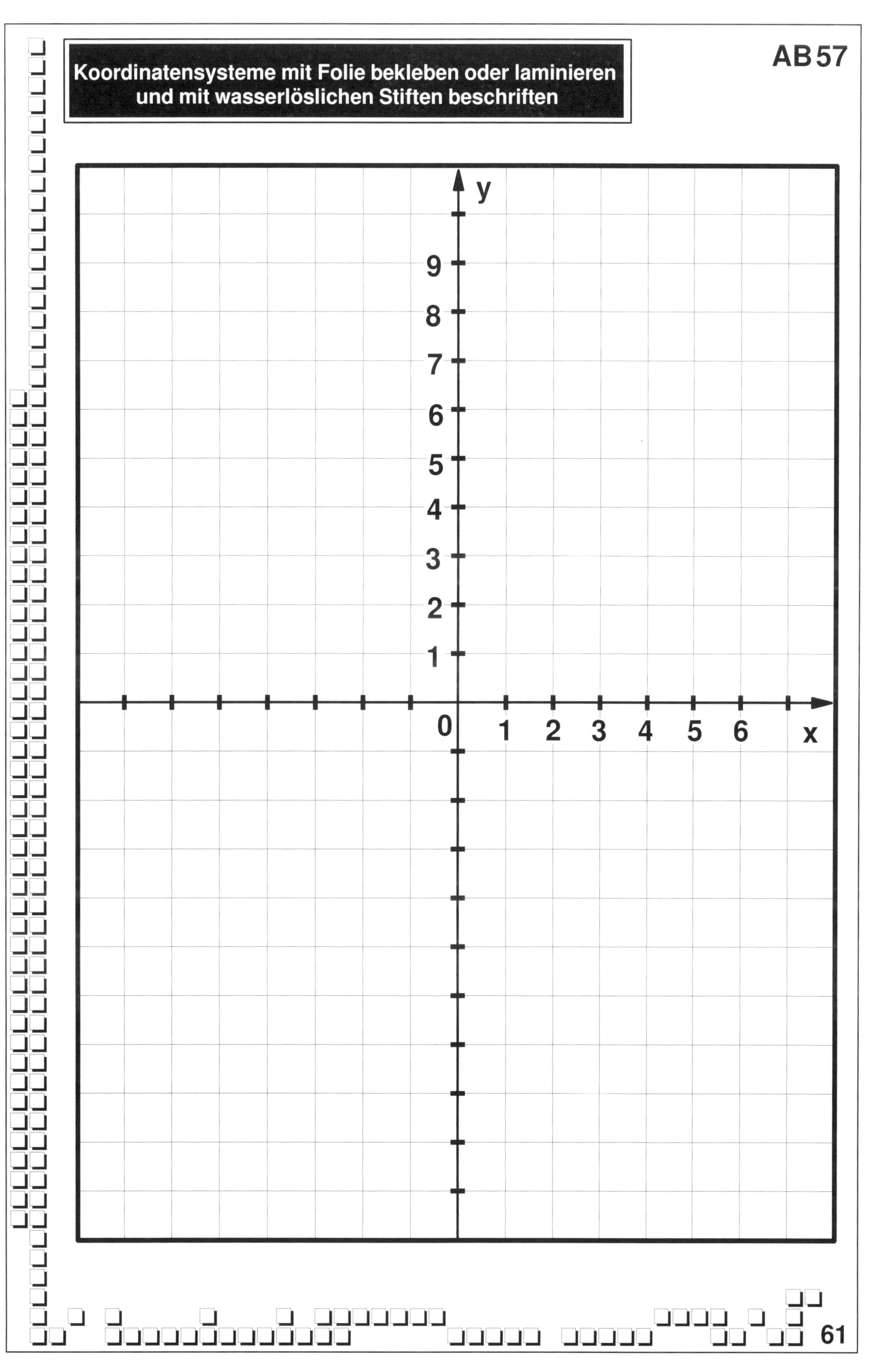

Koordinatensysteme mit Folie bekleben oder laminieren
und mit wasserlöslichen Stiften beschriften
y
9
8
7
6
5
4
3
2
1
0 1 2 3 4 5 6 x

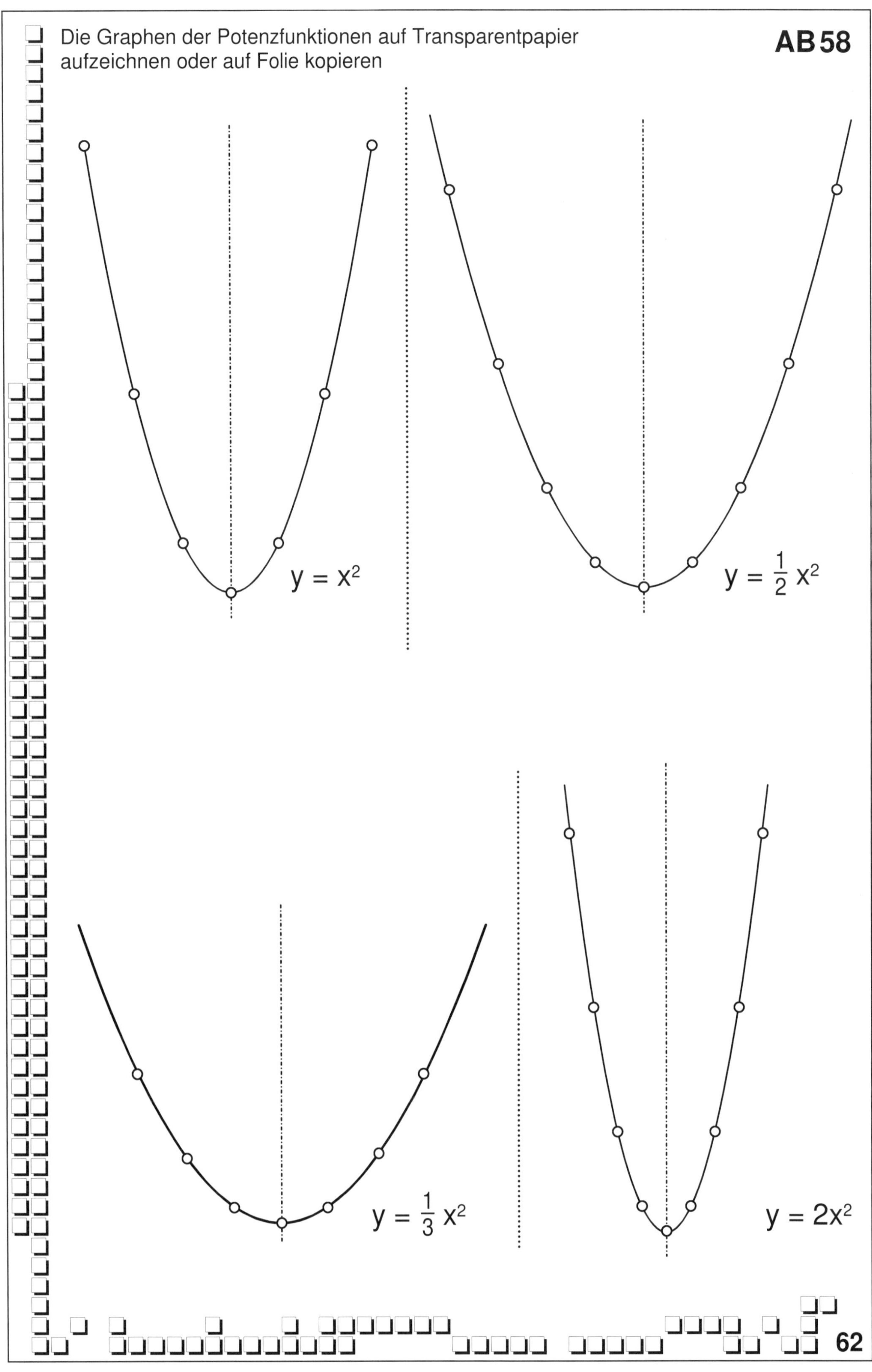
y = x²
y = ½ x²
y = ⅓ x²
y = 2x²

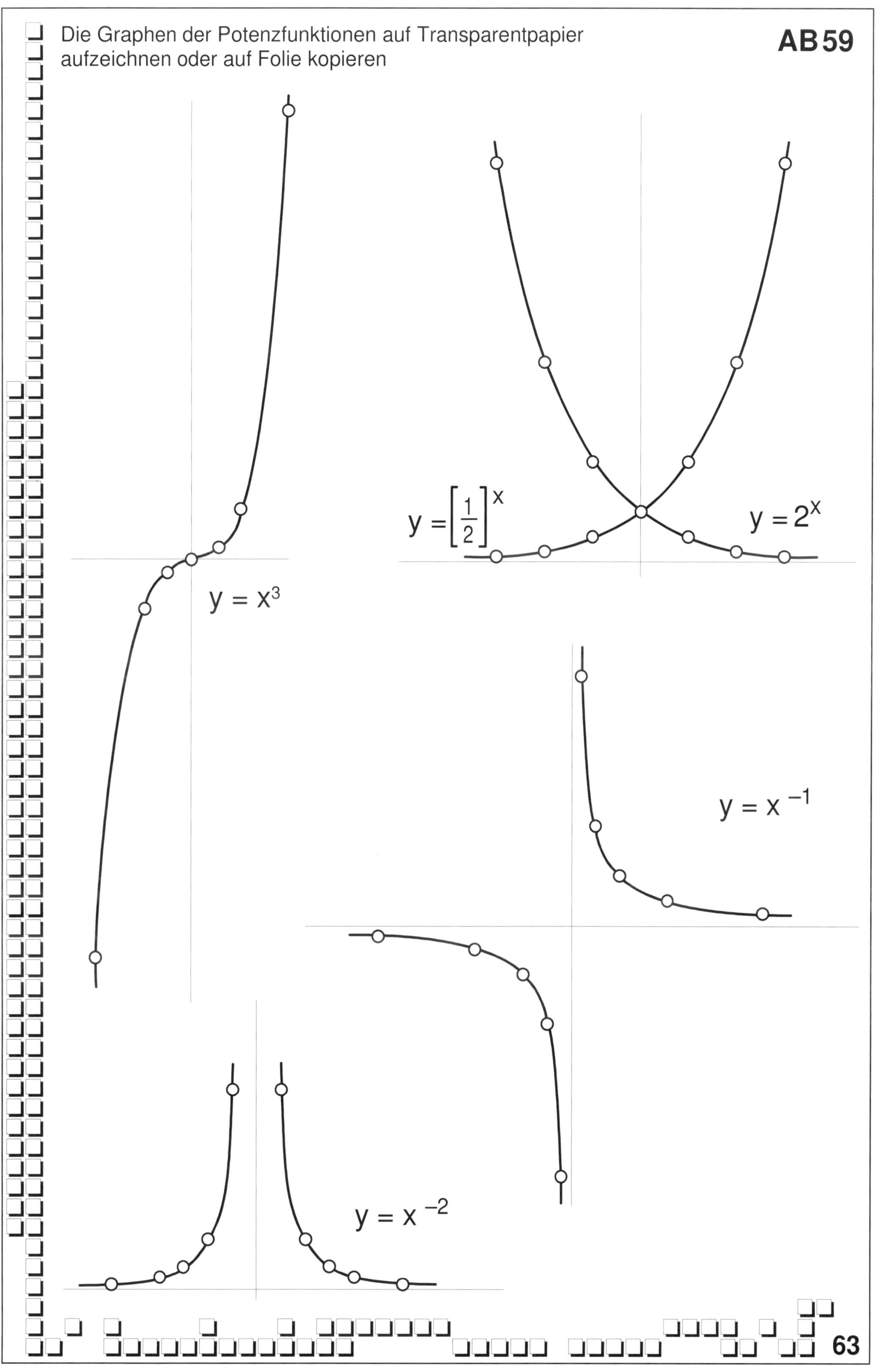

y = x³
y = [1/2]^x
y = 2^x
y = x^{-1}
y = x^{-2}

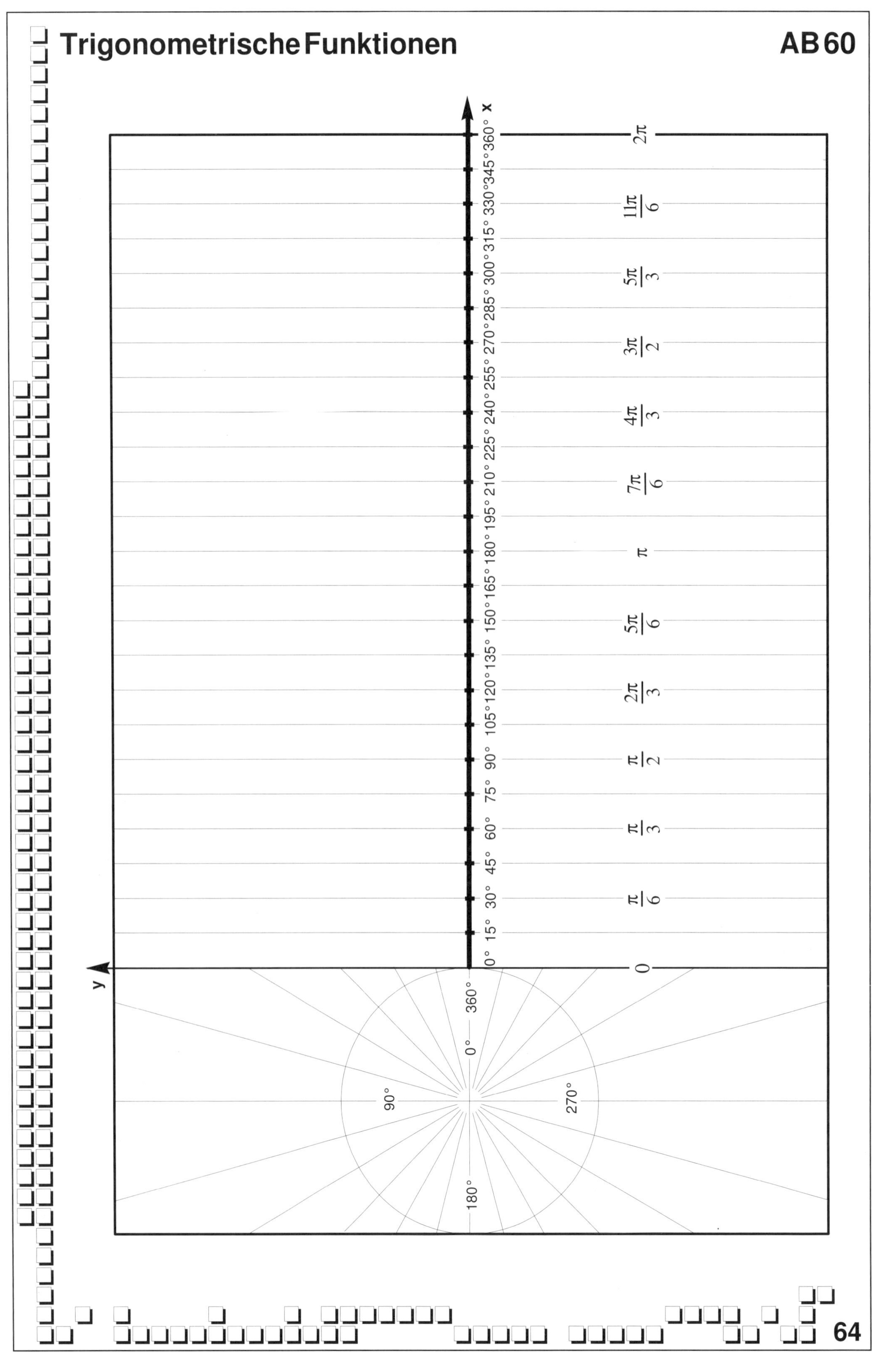
x
2π
11π/6
5π/3
3π/2
4π/3
7π/6
π
5π/6
2π/3
π/2
π/3
π/6
0
0° 15° 30° 45° 60° 75° 90° 105° 120° 135° 150° 165° 180° 195° 210° 225° 240° 255° 270° 285° 300° 315° 330° 345° 360°
y
90°
0°
360°
180°
270°